跨越3个世纪震撼全球教育的育子经典

开心解读
斯宾塞快乐教育经典

吕巧玲 编著

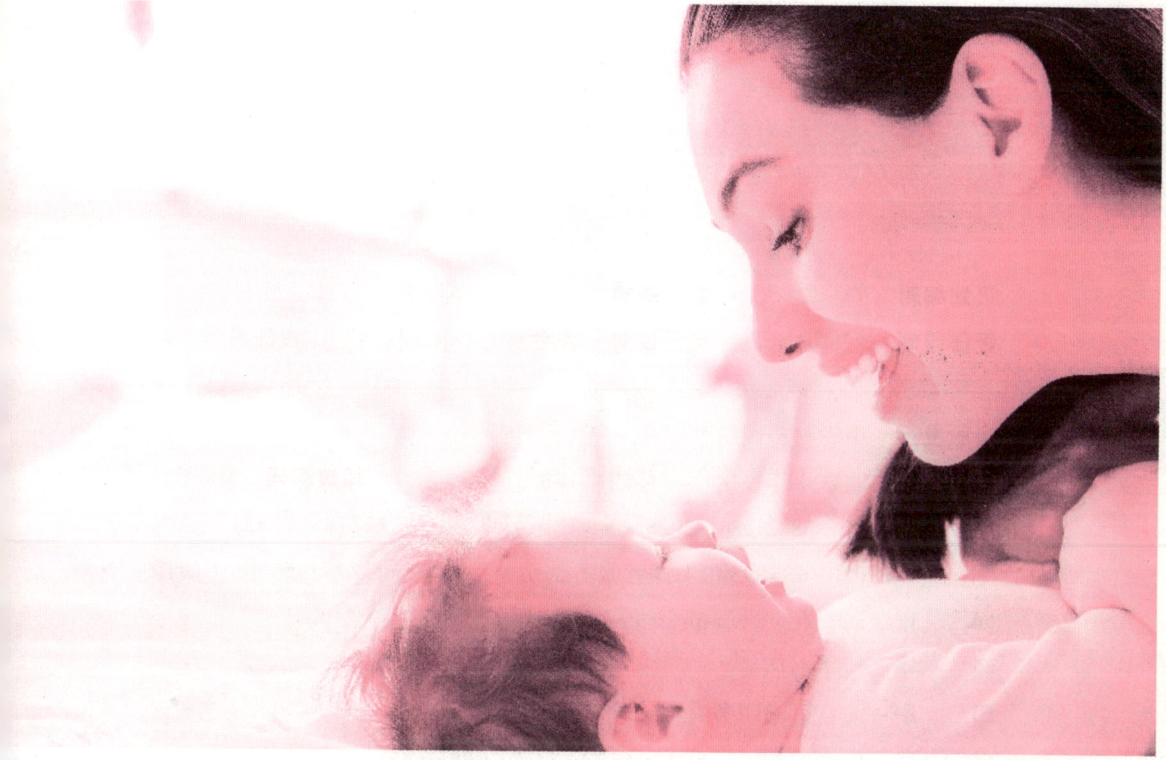

嘿！
我是早教书

中国财富出版社

图书在版编目（CIP）数据

开心解读斯宾塞快乐教育经典 / 吕巧玲编著. — 北京：中国财富出版社，2017.6
（嘿！我是早教书）
ISBN 978-7-5047-6522-2

Ⅰ. ①开… Ⅱ. ①吕… Ⅲ. ①儿童教育—家庭教育 Ⅳ. ①G78

中国版本图书馆CIP数据核字（2017）第145803号

策划编辑 刘 晗 **责任编辑** 宋宪玲 郑晓雯
责任印制 梁 凡 **责任校对** 孙会香 卓闪闪 **责任发行** 董 倩

出版发行 中国财富出版社
社 址 北京市丰台区南四环西路188号5区20楼 **邮政编码** 100070
电 话 010-52227588转2028/2048（发行部） 010-52227588转321（总编室）
010-68589540（读者服务部） 010-52227588转305（质检部）
网 址 http://www.cfpress.com.cn
经 销 新华书店
印 刷 北京竹曦印务有限公司
书 号 ISBN 978-7-5047-6522-2/G·0686
开 本 710mm×1000mm 1/16 **版 次** 2018年4月第1版
印 张 16 **印 次** 2018年4月第1次印刷
字 数 322千字 **定 价** 39.80元

总序

写在前面的话

可怜天下父母心，在培养孩子上父母都是不遗余力地使出浑身解数，目的只有一个，那就是让孩子成为有用之才。是的，孩子是父母最大的寄托。

在教育孩子上，方法有很多，但是哪一种方法更为有效呢？

研究证明，孩子接受教育越早越好，甚至早到孩子出生之前。于是，早教成了爸爸妈妈们必须温习和钻研的“功课”。

现在，早教已经被爸爸妈妈们所认可。许多父母都能如数家珍地说出蒙台梭利、斯宾塞、卡尔·威特等一大串儿权威的教育家的名字。

在这个领域，国外的早教经验比较丰富，开展得也较早，形成许多权威性的理论。但是在引进这些外国经验时出现了一些争议，有的认为必须全盘接受，有的认为西方的经验不适合中国国情，有的认为可以借鉴，不一而足。无论哪一种观点，都是出于对孩子的负责任，目的是让孩子能接受最适合的早期教育。

纵观当前许多流行的早教书，大多是国外名家的著述，鲜有详尽解读其精髓、按照本土的阅读习惯而精心编排的。由于国外著作理论性强，有些理论交叉在不同的章节中，大家在阅读学习时，显得既费时又费力，还很难懂。

正因为如此，我们才决定下大力气去研读国外的各种早教著述，找出更适合中国父母的早教方法。由于东西方文化的差异、历史成因的不同，在思想上和方法上也有着一定的不同。但是，总体上来说，基本规律还是相同的，那就是孩子身上所表现出来的特征差异不大。应该本着去粗取精、洋为中用的原则，根据是否适合本土的教育环境来取舍。这就是“嘿！我是早教书”系列图书出版的初衷。

我国家教作家吕巧玲、宋璐璐应邀担纲了本套丛书的编撰工作，她们以实际育儿经验和长期研读诸多家教典籍的心得，精心创作出“嘿！我是早教书”系列解读精髓本，呈献给广大读者。其特点是本土化、可读性强、突出重点，围绕孩子身上所出现的种种问题，进行详尽的解读、支招，理论和实践紧密结合，情节生动，说理性强。

本套丛书的最大特点是适合现代父母阅读，在孩子身上所出现的很多问题在这里都有解释。有精彩的案例，有详尽的理论解读，有具体的实施措施，通过这一环扣一环的解读，既点出了名家教育的精髓，又结合了本土实际情况进行逐一答疑，使您做父母更为轻松，在家里就能调教出一个聪明无比的小天才。

一书在手，尽享名家教育精髓。若广大读者在研读本套丛书的过程中能得到启发，将是我们最大的欣慰。

开卷一定有益！

快乐，需要激情点燃

教育的根本还在于让受教育者愉快地接受，对于孩子来说，他们的生活应该是鲜花、笑脸，理想的学习生活应该是在游戏中进行或是在兴趣中完成。

斯宾塞和他的“快乐教育”理念，可以说是孩子的福音，也是知音。当爸妈充分地给予孩子民主，并让他们快乐地生活和学习时，才能更好地激发孩子的学习热情，并以积极的人生态度去面对挑战，对未来充满信心。

斯宾塞的快乐教育很具有代表性，科学而又有趣，值得我们借鉴。可是在现实生活当中，有多少爸妈能与孩子同欢乐、共分享，做孩子的知心人呢？

并非爸妈没有爱心，每一个孩子都是爸妈心中的小天使。之所以在教育上出现了偏颇，主要源于对爱的理解。有的爸妈觉得事无巨细地包办代替才是真正的爱，有的爸妈觉得棍棒下才能教育好孩子，有的爸妈对孩子过于放纵和宽松，有的爸妈深陷规则教育中而不能自拔。这就如同于盲人摸象，只注重局部，而缺乏整体观念。

孩子虽小，但他也是一个健全的人。与孩子交往，也是需要技巧的，不能把孩子当成私有财产，而不去尊重他、关注他的所思所想。只有说到孩子的心坎上，引导他在快乐中生活和学习，孩子才能舒展身心，获得最大化的发展。

由于孩子心智还不太成熟，他们还不能进行自我情绪调整，所以他们才显得天真烂漫。爸妈在保证孩子衣食无忧和身体健康的同时，更多的是要为他们营造一个愉悦的生活环境和学习环境。

可以这样说，孩子是小小的禾苗，爸妈所提供的物质生活就是土壤，而情感就是阳光和雨露，都是缺一不可的。当有了良好的“土壤”还远远不够，还要及时“浇灌”才行。

本书基于斯宾塞的快乐教育理念，尽量做到深入浅出、通俗易懂，通过大量的活生生的亲子教育案例，为您展现丰富的教子亲子方法。本书在一环扣一环的解读中，为爸妈指出教育方向和具体举措，让爸妈轻松地取得教子经验，在和谐欢乐的氛围中与孩子一同快乐生活和学习，为孩子的未来打下坚实基础。在尽享寓教于乐的同时，把孩子调教成为一个有用之才。

吕巧玲
2018年1月于北京

第一章

爱与自然，孩子快乐成长最初的秘密 / 001

孩子的快乐成长离不开父母的关爱与呵护，这是快乐教育的起点。大自然的一草一木同样带给孩子无尽的快乐，是他们启智的源泉。正如斯宾塞所说："一个人未来获得的成就可能会受职业的选择或其他因素的影响而有大有小，但一个人的性格、品质和智慧，以及他未来是否感到幸福、快乐，一定与他从小所接受的自然教育有关。"

第二章

身心健康，孩子快乐一生的保证 / 021

一个人如果想要有所成就，强健的体魄和健康的心理缺一不可。斯宾塞认为，幸福就是健康的身体加上健全的心智。在他看来，健康的身体像一艘装满货物的船，是所有智慧、道德、品质的载体，而良好的心态则像船上的桨，一路向前奋力划去，直至成功的彼岸。

第三章

潜能开发，在快乐中培养孩子的智力 / 059

斯宾塞认为，培养和教育孩子就是让他们的潜能得到最大限度的开发。而潜能在快乐状态下更容易被激发出来。如果让孩子长期处于不快乐的情绪状态，他的潜能发展就会大打折扣。

第四章

寓教于乐，和孩子一起快乐学习 / 081

学习不是苦差事，人生来就具有学习的天性。之所以许多孩子对学习感到厌烦，皆是错误的教育方法所致。斯宾塞认为，教育应当是快乐的，孩子只有在安闲、自在、快乐的氛围中，才会很轻松地学习和掌握知识。

在斯宾塞看来，教育的目的是让孩子成为一个快乐的人，教育的手段和方法也应该是快乐的。就像一根细小的芦苇管，你从这一头输进去的如果是苦涩的汁水，在另一端流出的也绝不会是甘甜的蜜汁。

拥有高尚的道德品行和情感，是孩子获得一生幸福的关键。斯宾塞说，在一个人的教育中，道德和情感均起着重要作用，道德告诉我们应该怎样做，情感则告诉我们愿意怎样做。一个道德、品质没有经过训练的孩子，即使他在其他方面的潜能很高，也很难取得什么成就。

习惯是人的第二天性，良好习惯的形成是成功的开始，而能力的大小取决于幼年时期所受到的正确引导与培养。斯宾塞认为，教育孩子就是培养他们良好的习惯，有了良好的习惯才能促进能力的发展。

第一章

爱与自然，孩子快乐成长最初的秘密

孩子的快乐成长离不开父母的关爱与呵护，这是快乐教育的起点。大自然的一草一木同样带给孩子无尽的快乐，是他们启智的源泉。正如斯宾塞所说：“一个人未来获得的成就可能会受职业的选择或其他因素的影响而有大有小，但一个人的性格、品质和智慧，以及他未来是否感到幸福、快乐，一定与他从小所接受的自然教育有关。”

关爱缔造奇迹

爱是最好的教育，对孩子爱得越具体，他们越会感到幸福和快乐。所以，在生活中，父母要把爱贯穿到细节当中去，一个眼神、一个拥抱、一声祝福，都会起到良好作用。

阅读时间：25 分钟　　受益指数：★★★★★

爱我，你就抱抱我

肌肤也饥渴，多与孩子肌肤相亲，可以使他们感受到父母的爱，孩子会更自信、更阳光、更聪慧、更具爱心。

故事的天空

3岁的桃桃是一个漂亮、安静的小姑娘，由于父母工作特别忙，总是在加班，所以大多数时间她都是一个人在院子里玩耍或是坐在角落里无聊地发呆，显得闷闷不乐，性格也变得有些孤僻。

2岁的提提在妈妈的牵引下，高兴地站在花坛前，边看着月季花，边问个不停，妈妈总是笑眯眯地耐心回答着他。

桃桃和他们是老相识，见他们母子俩一出来，就跑过来和小弟弟一起玩耍。提提妈妈乐得孩子有个玩伴，每次都拉着桃桃的小手欢迎她。桃桃感觉提提妈妈的手好温暖，很愿意让她握着。她最羡慕提提经常被爸爸或妈妈抱起，每当看到这一幕时，她好想投入父母的怀里撒撒娇。可是，他们都太忙了，每天早出晚归。回到家里也是一身的疲惫，有时候桃桃已经进入了梦乡，有时候他们勉强应付她一下，然后就是催促她快去和奶奶睡觉。

桃桃和提提玩着猫捉老鼠的游戏。围着花坛跑了一会儿，提提突然搂住妈妈的大腿，扬起小脸撒着娇，要妈妈抱抱。他这个愿望立即得到了满足，幸福地和妈妈亲昵着。

桃桃好眼热，她也想被抱一抱，只是妈妈不在身边。当提提重新下到地上时，提提妈妈从桃桃的眼神里看到了她内心的渴望，蹲下身来和蔼地说："阿姨也抱抱你好不好呀？"

桃桃使劲儿地点着头。

被人抱在怀里真舒服啊，不但能看很远的地方，还有一种说不出的亲昵感。提提妈妈亲亲她的小脸蛋儿，桃桃觉得幸福极了。

吕姐爱心课堂

孩子从一出生，便有强烈接受爱抚的需求。与孩子肌肤相亲是最直接的爱抚，多拥抱、抚摸、亲吻孩子，才能满足他们这个美好心愿。桃桃之所以性格有些孤僻，总是闷闷不乐，就是缺乏爱抚造成的。相对成人来讲，孩子更渴望被关注、被爱抚，更希望得到父母肢体上的接触。这是一种天性，与渴望得到食物、水分一样，心理学家称之为"接触安慰"。它是孩子成长发育的心理营养素。

斯宾塞基于对一所孤儿院的研究，以及结合自己的育儿教子经验，提出："拥抱、抚摸、牵手，也是教育的一部分。"他认为："如果对自己的孩子多一些拥抱、抚摸，有时甚至是亲昵地拍打几下，孩子在对外交往以及智力、情感上都会更健康。"

身体的接触会给孩子传递一种力量和信念，使他们产生心理上的满足感和安全感。经常受到父母爱抚的孩子，情绪较为稳定，心态也会安静祥和、正面积极，暴力倾向少，遇到挫折和困难时能更坚强、勇敢地面对，在很大程度上建立起孩子的健康心理，并且可以促进孩子大脑的发育和智力的提高。如果孩子缺乏来自父母的关爱和照料，得不到父母温柔的抚摸和肢体接触，容易造成孩子"肌肤饥渴"，所表现出的会是身心发育迟缓、没有生气、情绪反应迟钝，除了身心的不健康，还会妨碍孩子智力的发育。

给予孩子爱抚不仅仅限于拥抱和亲吻，所有的身体接触，都能使孩子感到心情舒畅，内心充满阳光和爱。如轻轻触摸孩子的后背、头发、手臂、肩膀，拉拉他的小手，甚至捏捏他的小脚丫或轻轻打一下他的小屁股，都是对孩子无言的甜蜜爱语。

父母在生活中要尽可能多地与孩子进行肢体接触，通过感情交流，消除孩子心理上的情感饥饿，以使他们获得心理上的满足，从而健康快乐成长。千万不要以工作繁忙、生活紧张为借口，把孩子扔给老人或保姆照料，而置孩子的精神需求于不顾。对孩子来说，物质上的满足远没有心理需求得到满足更重要。

斯宾塞支招DIY[①]

肌肤相亲是为孩子提供触觉刺激的最佳方式。爱孩子，不妨多给他些温柔的抚摸和拥抱吧！这远胜于给他买任何昂贵的礼物。通过肢体接触，不仅可以使孩子感受到来自父母深情的爱，亲子感情更密切，还会使孩子感觉综合能力的发展更完善，未来的发展更出色。

●**孩子一出生就要给予拥抱。**刚刚从母体中分离出来的小孩子会感到十分恐惧和孤独，渴望有人来依偎。所以，不要让孩子长时间独自待在一边。父母要及时给予拥抱来爱抚孩子，把孩子抱在怀里，通过心脏的跳动、眼神的传递，把自己的感情默默地传递给孩子，使他们不再感到孤立无援，而是享受父母的绵绵爱意。

●**坚持母乳喂养更利于孩子成长。**母乳不仅营养丰富、容易消化吸收，是孩子最理想的“天然食品”，通过哺乳，还可以使孩子与妈妈肌肤相亲，增进亲子之间的感情。这是任何其他喂哺方式所不能比拟的。

●**抚摸会给孩子带来安全感。**抚摸是孩子的一种心理情感需要，可以给孩子带来极大的安全感。父母可以经常抚摸孩子的头、手、脚、身体等部位，无声地传达浓浓的爱意。对于小孩子，每天坚持给他做抚摸操，既密切了亲子关系，又能刺激孩子身体的成长。

●**每天都要抱抱自己的孩子。**每天起床后，要用拥抱唤醒孩子的身体，以让孩子更好地适应一天的新生活。下班回家第一件事情就是抱起孩子亲一亲，来缓解一天的离开给孩子造成的疏离感和焦虑感。孩子上床睡觉前，再张开怀抱给孩子以爱抚，并给孩子做个全身按摩，让孩子舒舒服服地进入睡眠。除此之外，在孩子受伤、生病、情绪低落时，也要及时给予拥抱，来抚慰孩子“受伤”的心灵。

●**爱抚不分时间和年龄。**不要以为孩子长大了、上学了，就不需要父母的拥抱

---

①DIY是英文Do It Yourself 的缩写，直译为“己为之”，扩展开的意思是自己动手做。

和爱抚了。为了孩子身心更健康、亲子关系更密切，对孩子的爱抚有多少就要表达多少。爱抚可以随时随地在平日生活中展开，如抱抱孩子、摸摸头、碰碰鼻子、拉拉手、拍拍背、搭搭肩等，使孩子觉得父母并没有与自己疏远。这样亲子沟通会更好，关系也会更加密切。当然，根据孩子的年龄和性格，可以选择不同的与孩子肢体接触的表达爱抚的方式。

斯宾塞小语

如果对自己的孩子多一些拥抱、抚摸，有时甚至是亲昵地拍打几下，孩子在对外交往以及智力、情感上都会更健康。

爸妈私房话

阅读时间：30 分钟　　受益指数：★★★★★

远离危险，让孩子快乐成长

小孩子做起事来总是不管不顾，有时简直就像一头莽撞冒失的小野兽，给自己和他人都带来危险。父母应该时刻把“安全第一”放在首位，采取必要的预防措施，让孩子没有“后顾之忧”地快乐成长。

故事的天空

童童自从学会走路，就没有让父母省过一天心，她总是到处乱跑、乱摸，为此父母总是有一个人在身边时刻看着她。

如今，2岁半的童童更不好看管了，她能跑能跳，能爬高上低了，尽管父母总是给她讲要注意安全，她却转身就忘记了，依旧我行我素。

早上刚吃完饭，妈妈对坐在客厅沙发上的童童叮嘱了一番，又给她拿来呱呱鸭玩具，才转身去厨房洗洗涮涮。正当妈妈清洗碗筷时，忽然听见童童“啊”的一声大叫，妈妈赶紧跑到客厅去看究竟。

童童坐在电视柜前的地上哇哇地哭了起来。

妈妈边把她从地上抱起来，边问：“怎么了？孩子，怎么了？”

童童把自己的右手食指伸到妈妈的眼前，边哭边看着电视柜下面。

妈妈把她放到地上，查看起

电视柜下的东西来。她发现，电源插排被拉了出来，赶紧问：“你是不是把手指伸到插孔里去了？”

童童泪眼涟涟地点着头，又把右手的食指伸给妈妈看，妈妈仔细检查了一番，发现手指除了有一点点红外，没什么大事，这才放下心来。赶紧借机对孩子进行一番安全教育，告诉她电源很危险，是绝对不能乱摸乱碰的。

童童点点头，表示知道“电老虎”的厉害了。

吕姐爱心课堂

安全无小事，年幼的孩子们根本不懂得什么叫危险，更不知道如何来进行自我保护，难免会出现这样或那样的意外伤害。为了孩子平安、健康地度过每一天，父母需要付出精力，精心照顾，呵护好孩子的安全。

斯宾塞认为：“孩子在不同的成长阶段，会面临许多危险。尤其在1～3岁这段时间里，很多危险都是父母意想不到的。”可以说，孩子的安全事关重大，家有小孩子，时刻都要绷紧安全这根弦，让孩子远离危险、远离伤害。

由于父母的疏忽、孩子的无畏无知，所发生的惨剧很多，从阳台上失足掉下的有之，触摸或插拔电源触电的有之，被开水烫伤、被剪刀等利器划破的，则更是数不胜数，这都是发生在家中的惨剧。孩子对周围的一切都有着强烈的好奇心，喜欢探索和冒险，他们无法理解父母不允许自己这样或那样做的理由，更不知道有些行为存在着危险，在好奇心和叛逆心理的驱使下，往往会做出一些危险的尝试，从而容易导致意外事故的发生。

为了孩子的安全，父母既要满足孩子探索和认识周围世界的需求，又要让孩子在安全的范围内进行探索和认知。在对孩子提出一些安全要求时，同时也要告诉孩子不能这样做的原因。只有这样，他们才能知道哪些是不可以做的，哪些是可以去尝试的。

家中突然增加了一个小捣蛋，确实给平时的生活带来许多麻烦。但是，父母的职责就是呵护好身边不安分的小孩子，让他们健康快乐地长大。所以，要随时随地注意和关心孩子的行动，孩子的安全防护是一刻也不容忽视的，生活中的每个细节都是重点，防患于未然总比事情发生了再后悔要好得多。

斯宾塞支招DIY

孩子的成长离不开父母的精心呵护和无微不至的关爱，让孩子远离生活中潜伏的种种危险，为他们创造一个安全成长的良好环境，他们才能快快乐乐地健康长大。

●清理孩子身边的杂物。家中杂物越少越好，特别是孩子的房间，床上除了被子之外，不要放置衣物或其他杂物，如各种包装袋、塑料纸、尿布、衣服等，防止这些杂物蒙住孩子的口鼻而引起窒息的危险。

●不能让孩子摸到各种尖锐利器。随着孩子逐渐长大，他们的活动范围也在不断加大，家中的剪刀、毛衣针等尖锐锋利的危险品要放置好。以免孩子拿到这些东西，胡乱摆弄而误伤自己。

●藏好家中细小物品。孩子总是喜欢用嘴来“品尝”各种物品，不管什么东西都想往嘴里放。家中的钱币、纽扣、玻璃球、豆子、棋子等体积较小的东西不能让孩子轻易拿到，以防孩子吞入口中，造成伤害。还有诸如花生、小番茄、果冻等食品，也需要引起父母的注意，在孩子吃的时候要在旁边看着，以免发生意外。

●要让孩子远离易碎物品。各种玻璃器皿和瓷器都属于易碎物品，孩子碰到或玩耍时抓握不慎就会弄碎，很容易割伤或刺破孩子娇嫩的皮肤。

●清理家中的危险品。家中的各种药品、化学清洁剂、洗涤剂、汽油、酒精等，对孩子来说都是危险物品，一定要收藏好，以防孩子误食而引起伤害。

●提防孩子触碰各种高温物品。孩子喜欢触摸东西，但是不知道有些物品是不能碰的。家中的热水瓶、刚用完的电熨斗、装有热水的杯子以及刚从火上取下来的锅、茶壶等，需要放置在孩子不能够到的地方，确保孩子不被烫伤。还有热水袋、取暖器、电暖宝等也不能让孩子随便触摸。

●当心“电老虎”发威。家中的电源电线、电源插座等带电的物品是最危险的。各种电源插座和电线最好放在家具后面等孩子触碰不到的地方。在不使用电器时，要拔掉插头或断电，以防孩子乱按乱插而启动，容易发生危险。夏季使用电风扇时，不要让孩子靠近，避免孩子将小手伸到扇叶中。

●不要让孩子独自玩水。家中有水的地方尽量不要让孩子独自接触，如注满水的浴缸、水桶、洗澡盆、抽水马桶等旁边，都不是孩子独自玩耍的地方，以免发生溺水、呛水等意外事故。

●窗户和阳台也要做好安全防护。家中的窗户和阳台要做好清理工作，窗户边不要摆放桌子、凳子、沙发、床等家具，以免孩子借助攀爬便利爬到窗台玩耍，出现跌落的悲剧。为了安全起见，窗户和阳台上最好安装防护网或防护栏杆。

●养宠物要慎重。有孩子的家庭最好不要养猫、狗等宠物，以免给孩子造成伤害或带来疾病。

●父母要学会一些安全自救方法。父母要掌握一定的安全救护常识，当意外事故发生时，进行及时有效的抢救，争取有效抢救时间。

孩子在不同的成长阶段，会面临许多危险。尤其在1～3岁这段时间里，很多危险都是父母意想不到的。

爸妈私房话

快乐的大自然教育

真正的自然教育是美好快乐的，孩子从具体实物中得到的快乐远比从抽象事物中获得的快乐多得多。父母只要了解大自然这位慈爱而亲切的老师，并把它介绍给自己的孩子，这对孩子一生的幸福都是非常有益的。

——斯宾塞

阅读时间：25 分钟　　受益指数：★★★★

大自然，开启孩子的智慧之窗

在大自然中，教育孩子的教具和课堂随处可见。大自然的知识宝藏，能让孩子的眼睛更敏锐、大脑更聪慧。

故事的天空

灿烂的夏日，淙淙的溪流，苍翠的远山，欢快的小鸟在天空中惬意地飞翔着。这是一幅纯美的立体画卷。徜徉在如此美妙的时光里，怎能不心旷神怡?

2岁的妮妮坐在小溪边的青石上，拍着小手为邻居的阳阳哥哥鼓掌，5岁的阳阳正打着赤脚，站在清澈的溪水中起劲儿地用双手撩起小溪水，他在进行人工降雨，把自己淋得浑身都湿透了，仍然浑身是劲儿。

妮妮不甘心做观众了，她也要“下雨”，伸着两只肉嘟嘟的小胳膊要求阳阳哥哥带着她一起玩。

阳阳抹了一把脸上的水，懂事地说：“你还不会‘下雨’，哥哥陪你掏洞洞吧。”

于是，妮妮在阳阳的带领下，在一处沙滩上摆开阵势，开始了玩沙土的游戏。阳阳一口气掏出了十几个洞洞，而妮妮只能用小桶扣“馒头”，她的战果只是两堆松散的沙土而已。不过这丝毫不影响她的干劲儿，这不，她正努力用两只小手往塑料桶里装沙子。

阳阳看到妮妮旁边的沙土，自告奋勇地说："来，哥哥帮你。"说完，撅起小屁股很快就把小桶装满沙子，然后跑到溪边一趟一趟地往小桶里捧着水，用小手把湿沙子拍实后，潇洒地往地上一扣，提起小桶，一个很瓷实的"馒头"牢牢地立在那里。

妮妮高兴地跳着小脚，拍着小手"噢噢"地欢叫着。

吕姐爱心课堂

大自然才是一位真正的大师，置身在大自然当中，不仅令人心情愉悦，还能学到许多未曾见识过的东西。斯宾塞说："我一直认为，一个热爱大自然的孩子，是不会学坏的。大自然这位无处不在的老师会把生命的本质，事物的规律、法则等每时每刻地向每一个愿意接受他教诲的人展示出来，关键在于你是否愿意接受他的教诲和启发。"可以说，大自然不仅给予我们生存的空间，还能培养孩子对于美的感受，启发孩子的悟性。

作为父母，可不要轻易错过这样的好机会，把孩子交给自然去调教吧！大自然能够为孩子提供丰富多彩的视觉、听觉享受，还能刺激嗅觉，促进孩子感知觉的全面发展。让孩子在不同时期学习不同的自然知识，并经常亲近大自然，他才能从大自然中领悟更多的道理。

玩耍也能学到有用的知识，在大自然中玩耍更能令孩子变得聪明。可以让孩子在沙滩上玩沙，在小溪边玩水，在花丛中看蜂飞蝶舞，让孩子融入大自然当中，常常会引起他们无限的好奇心，激发他们探索的欲望和情趣。大自然中四季的更替、气候的变化、动植物的生长规律以及丰富的地理环境知识等，都有着无穷的奥秘，等待孩子去学习、去认知。

带孩子去大自然中感受和探索，无形中为他们开启了一扇智慧之窗。孩子在大自然中所学到的知识，一生都很难忘记，远比书本上的知识更丰富，更容易记牢。对于孩子来说，最好的早教课堂不在教室。与其让孩子们在紧闭的房间里倾听大人的描述，不如多带孩子到大自然中去走走、去看看，让他们在蓝天白云、花鸟鱼虫间体会真实的世界。

斯宾塞支招DIY

大自然丰沛的资源，也是教育孩子的最好“课本”，父母要多为孩子创设接触大自然的机会，让他们懂得人与周围自然环境相互依存的关系，多了解大自然中神奇的现象。

●**多带孩子走进大自然。**寄情山水间，可以让孩子领略大自然的美好，陶冶性情，激发探索欲望。最好每周都能带孩子到大自然中转一转、看一看，定期让他感受自然气息，欣赏大自然中苍翠的远山、郁郁葱葱的树林、波光粼粼的湖水、璀璨的星空、皓洁的明月……

●**在自然中尽情玩耍。**别担心孩子面对美好的自然环境只知道玩，也不要担心孩子弄脏了衣服、弄湿了鞋袜。其实玩是孩子的天性，也是认知世界的一种方式。在玩耍中，他能学到许多东西。此时孩子对大自然的感受是模糊而强烈的，他不但会呼吸大自然清新的空气，还会用他清澈的眼睛和纯洁的心去观察这个世界。只要孩子高兴，就让他尽情去玩耍吧，最好再帮他邀请几个小伙伴一起玩耍，孩子还能在彼此交往中学会更多知识。

●**父母做好引导工作。**孩子小，对许多事物并不了解，如果父母不特别指给他们看，可能就错过观察探究的机会了。所以，父母不仅要带孩子到大自然中去，还要予以积极的引导，让他多认识一些事物。

●**和孩子一起讨论一个关于大自然的秘密。**大自然有许多奥秘，父母要和孩子多交流观察心得，启发孩子更深层次地认知这个世界。如山川河流、风花雪月，都是有一定规律的，让孩子通过观察来了解大自然的真谛。

斯宾塞小语♡

没有任何一个成功且具备良好品行的人，不是大自然这位伟大导师的受益者。大自然是一位杰出的色彩和造型大师，他像一位深谙生命真谛的智者，又像是疗治人类心灵的神医。我满怀深情地期望所有的父母都能为孩子打开这扇神奇的窗口，让孩子感受大自然的力量。

快乐的“自然笔记”，承载孩子无穷乐趣

对于孩子来说，做图文并茂的自然笔记是一件有趣又快乐的事情。父母要耐心引导，让孩子在快乐地亲近大自然时，把自己的感受也留存下来。

故事的天空

6岁的迪迪很了不起，她从3岁时开始在父母的帮助下，陆陆续续记录下4本厚厚的“自然笔记”了。内容五花八门，形式更是很独特，有的通篇都是用图画的形式表现出来的，有的是用形状符号掺杂着文字记录的，有的是用实物粘上去的，如各色的树叶和花朵标本、美丽的鸟的羽毛等。每当有客人来访，父母都要拿出来“炫耀”一番，难以掩饰心中的自豪。

星期天是迪迪最快乐的时候，父母休息，自己也不用去幼儿园了，一家三口带上食物和水，还有纸和笔，就一头扎进西郊的百花山，一转就是大半天。

现在迪迪为大自然做的笔记已经算得上真正的笔记了，她已经学会写很多生字，想记什么，都能用文字来表达。不过她还是喜欢采集一些实物来做标本，觉得这样可以把自己的“笔记本”打扮得更漂亮。

流连于山水间，迪迪有时顽皮得像只小猴子，她在草地上翻跟头打滚儿，赤脚

跳到溪水中玩耍，站在山顶上放开喉咙大声喊叫，有时却又很安静。当她沉思时，父母都主动与她保持一定的距离，以免打扰她的思路。特别是在她观察地上或石头缝隙中的小虫子、蚂蚁等时，父母就坐在不远处欣赏她这份专注凝神的劲头，也是一道好风景呢！

吕姐爱心课堂

让孩子做“自然笔记”，可以使他们学到和积累许多知识，父母不妨引导孩子观察自然，教他们学会“记载”自然，帮助孩子养成记录自然的好习惯。斯宾塞认为：“让孩子学会观察自然、感受自然，从自然中获得乐趣，并让他将自己的所看、所听、所想记录下来。多年以后，他就会从自己的记录中发现事物变化和自己成长的轨迹，并在记录的过程中感受到大自然的魅力所在。”

斯宾塞的儿子小斯宾塞从5岁时起，就在斯宾塞的指导下开始做自然笔记。由于他当时词汇量明显不够，显得有些焦急和无奈，斯宾塞告诉他除了可以使用语言、文字，还可以使用绘画、粘贴实物的方式来表述。结果，小斯宾塞长大后发现，这种笔记不仅图文并茂，而且充满奇思妙想。他之所以能取得后来的成就，与当初的自然启蒙不无关系。

大自然是无私的，只要你做个有心人，就能从中无偿得到许多东西。以大自然为师，终生受益。孩子小，许多看过的东西容易忘却，如果通过笔记的形式，就能把当时所观、所想、所思形象地保存下来。这不仅具有纪念意义，也是学习的一种好方法。

自然笔记就是用图画、文字等形式来为大自然写日记，不论画得到不到位、写得好不好，只要是经过认真观察，尽可能准确地记录下观察所得，表达出与大自然的交流与对话，就是精彩的，也是成功的。这种自然观察加速描、随笔的形式简单易做，能让孩子在记录和描绘过程中，感受到大自然的神奇，领悟自然中的奥秘。并且使孩子逐渐养成善于观察、善于思考的好习惯。

斯宾塞支招DIY

为了鼓励孩子走近自然、观察自然、描绘自然，父母在关注孩子成长的同时，一定不要忘记指导孩子用笔记录下有趣的自然之旅，与他们一起分享奇妙的自然乐趣。

●**给孩子准备好笔记本和笔。**在孩子开始学识字和画画后，就要为他们准备笔记本和笔，引导孩子学会观察，通过文字或绘画记录感知过程。

●**文字不足图画补充。**鼓励孩子用写写画画的形式做笔记，没必要强求孩子必须用文字记录，通过绘画也能表达所思、所想、所见。重要的是他们在记录，在用心去感悟。也没必要让孩子事无巨细地去记笔记，寥寥几个字能表达出来也是好的，一幅不成形的画儿同样具有记忆功能。

●**鼓励孩子用实物代言。**一片树叶也是生动的表现，可以给孩子的记忆留下观察、采摘等过程。一片野百合的花瓣、一粒蒲公英的种子、一块小石子，都是一段美好的记忆。

●**内容详细些更好。**孩子在做笔记时，最好图文并茂，有明确的时间、地点、气候等物候信息记录。特别是对于大一些的孩子，父母尽量要求记录全面一些。

●**帮助孩子去观察、去记忆。**带孩子多到大自然中去，只有这样他们才能有更多的观察体验机会。应有意识地引导孩子注意观察对象，启发孩子认识事物的本质，这有利于他们做好自己的自然笔记。

打开孩子通向大自然的心灵窗口，需要父母付出耐心和精力。虽然孩子的天性接近自然，但并不是每个孩子生来就懂得去聆听、触摸、感受大自然的和谐之美。这需要父母先理解大自然的语言，然后才能教孩子怎么听、看、触摸、描述大自然。

聆听大自然的美妙乐章

天籁之音只会在大自然中出现，那风声、雨声、鸟鸣虫叫，都是一曲曲美妙的乐章，可以从中聆听出自然之美。

故事的天空

清晨，太阳刚刚升起，林间的土地上漏下许多斑斑点点的阳光。3岁的叶叶欢快地在树下挑着有阳光的斑点踩着玩，跑了一会儿，妈妈跟了上来，母女俩选择树下的一块光滑的石头坐下，欣喜地聆听着林中各种声音。

一只小鸟在树冠上欢唱，叶叶听后有些按捺不住了，坐在那里手舞足蹈，一副很陶醉的样子。

妈妈看宝贝女儿如此陶醉，欣慰地笑了。这是她家教的一个组成部分，每天都坚持带叶叶出来聆听来自大自然的美妙声音。

也许是小鸟飞走了，当小鸟停止鸣叫时，叶叶有些失落，说："妈妈，小鸟叫得多好听呀！它累了吗？为什么不叫了？"

妈妈抚摸着她的头发说："小鸟不叫了，还有其他的声音啊。"然后启发道，"林中的风声就很好听呀！"

叶叶侧耳听了一会儿，说："听到了，沙啦啦地响。"

妈妈说："和上次在森林听到的声音是一样的吗？"

叶叶闭上眼睛回忆着三天前到郊区森林游玩时听到的声音，过了好一会儿，她睁开眼睛，说："不一样，森林的声音是呜呜的风声。"

妈妈笑笑，又开始引导叶叶去听别的好听的声音。

吕姐爱心课堂

大自然的声音是充满乐感的，倾听大自然的声音是一种美好享受。经常让孩子聆听美妙的天籁之音，不仅能使他们从中得到启发，还能在不知不觉中抚慰他们的心灵，让他们的内心充满阳光。

倾听也是对孩子智力的一种培养。孩子在听的过程中，除了享受到生活的美好，还利于他们智力的开发。人的许多知识都是通过"听"学到的，可以说听觉不仅是享受的器官，也是生活和学习的器官。

斯宾塞经常让小斯宾塞倾听大自然中的各种声音，使小斯宾塞从小就得到美妙享受和启迪，从而培养起自己的生活情趣。斯宾塞认为："倾听大自然的声音也是一种学习，对培养孩子的思维灵感很有帮助。"

自然界的声音千变万化、妙不可言，小鸟的鸣叫声、蝈蝈的演奏声、山溪的流水声、呼呼的风声、轰鸣的雷声，都可以刺激孩子的听觉。父母应该多引导孩子倾听自然之声，带孩子到野外，让他闭目倾听风声、松涛声或是鸟鸣虫叫声，鼓励他寻找声音的来源。也可模仿这些声音，并让孩子学，比比谁学得更逼真。自然界的声音纯净、自然而且真实，对锻炼孩子的听力很有好处，而且通过模仿发声比赛还能激发孩子的竞争意识和观察能力。

斯宾塞支招DIY

大自然的声音美妙、动人，是人人所喜欢的，父母要经常带孩子到大自然中去，尽情享受大自然赐予我们的天籁之音。

●**美妙的自然之音。**当和孩子一起置身于大自然中，耳边没有了闹市的喧嚣，各种鸟儿、虫儿、小动物的叫声，还有风声、雨声、流水声，就会带来一场美妙的声音盛宴，既赏心悦目，又能够激起孩子倾听、探索自然界奥秘的欲望。

●**在家中也能享受到美妙声音。**清晨，打开窗子，和孩子一起闭上眼睛，静静地聆听窗外风吹树叶沙沙的响声、鸟儿婉转的鸣叫声。用录音机录下大自然中的各种声音，和孩子在家里一起倾听，一起欣赏，一起感受。

●**倾听雷雨声。**阴雨天也是倾听声音的好时机，可不失时机地引导小孩子听听呼呼的风声、滴滴答答的雨声。滚滚的雷声似乎有些狂躁不安，但雷声的轰鸣和滚滚悠长的余音，可以让孩子产生丰富的联想和神秘感，帮助孩子提高思维能力，丰富想象力。

●**自然场景要多变换。**要带孩子到不同的环境里去倾听，高山上、田野间、树林中、大海边，孩子见到的景色不同，遇见的生物不同，听到的声音更是千奇百怪，这可以使孩子对大自然的认知更丰富、更饱满。

●**倾听的同时要给予引导。**父母要引导孩子学会倾听和感受自然之声，如让孩子听听鸟儿的鸣叫是不是在唱歌，暴风雨中的炸雷是不是像敲响的鼓声，呜呜的狂风是不是像大提琴深沉的演奏。只要父母善于引导，自然界的任何声音都能给孩子带来美妙的享受和智慧的启迪。

倾听大自然的声音也是一种学习，对培养孩子的思维灵感很有帮助。

爸妈私房话

第二章

身心健康，孩子快乐一生的保证

一个人如果想要有所成就，强健的体魄和健康的心理缺一不可。斯宾塞认为，幸福就是健康的身体加上健全的心智。在他看来，健康的身体像一艘装满货物的船，是所有智慧、道德、品质的载体，而良好的心态则像船上的桨，一路向前奋力划去，直至成功的彼岸。

科学养育，造就孩子强健体魄

如果希望孩子未来有幸福的人生，能够胜任他的工作，就必须使孩子有一个健康的体魄。只有这样，未来他才能够在艰苦的条件下劳动，也才能够成就一番事业。若想把孩子培养成一个优秀的人，首先他要有一个强健的体魄。

——斯宾塞

阅读时间：25分钟　　受益指数：★★★★★

拒绝溺爱，不做“真空孩子”

若要孩子安，三分饥和寒。让孩子适当“吃点苦”，经历风雨，他们才能成长得更健康、更茁壮。

故事的天空

4岁的毛毛又到医院输液了，孩子手背上已经有了好几个针眼儿，妈妈看着儿子发青的手背，有些心疼地皱着眉头。

在小区的广场上，他们母子俩碰到了邻居冉冉妈妈，她正在照看着3岁的女儿骑自行车。小姑娘骑得正上劲，头上淌着汗水，还不肯停下来歇歇。

毛毛妈妈羡慕地看着她们母女，说：“唉，有一个健康的孩子真是幸运啊！”

冉冉妈妈笑着说：“毛毛也没问题的。”

毛毛妈妈说：“还没问题？三天两头地往医院跑。你说一个男孩子，整天病恹恹的，还不如一个小女孩儿身体棒呢！”

这时，冉冉把自行车停在了毛毛跟前，起身从车上跳下来，拉着发蔫的毛毛，邀请他一起玩儿。

毛毛妈妈赶紧说：“现在还不行，他刚输完液，等病好了再一起玩吧。”

毛毛想和冉冉玩一会儿，两个孩子在小区的健身器械上玩了起来。

冉冉妈妈对毛毛妈妈说："不是我说你，整天把孩子关在家里，怕冷怕热的，其实他们活动起来身体才更健康。"

毛毛妈妈觉得孩子老往外边跑，又有危险，又不卫生，孩子小，抵抗力差，还不出问题？

冉冉妈妈介绍着经验，说冉冉比毛毛还小1岁，可是很少生病，原因就是让她经风雨见世面，通过良好的体能对抗疾病。而毛毛在过度的保护中，身体的免疫力差，反而容易生病。

毛毛妈妈觉得有些道理，决定按冉冉妈妈说的话去做，看看实际情况会是怎么样。

吕姐爱心课堂

父母对孩子的呵护无可厚非，因为他们需要在有保障的环境中成长。但是，合理的呵护和过度的溺爱不同。斯宾塞认为："缺乏食物和衣物，会使孩子的身体受到伤害；衣食无忧，娇生惯养，则会使孩子体弱多病。孩子需要有一些历练才能够成长，如果父母怕孩子受到委屈，对孩子过度地呵护，会使他们失去生活自理的能力，无法自立、自强。"

毛毛的体弱多病，就是父母给予过多的呵护造成的。每一个正常降生的孩子，除去天生的疾患，身体都是没有问题的。之所以孩子在成长过程中体质出现了差异，与后天父母的调养正确与否有很大的关系。在独生子女时代，孩子成了"小太阳"，父母恨不能什么都替孩子做了。一些父母总怕孩子冻着、饿着、累着，限制孩子的户外活动，整天让他们待在门窗紧闭、开着空调的"温室"里，把孩子裹得像个"粽子"。舍不得让他们吃一点苦，受一点委屈，甚至是孩子哭一下，父母也心疼得不得了。这样做，和把孩子放到“真空”中差不多，没有经历一些自然的风雨洗礼，孩子很难适应自然状态的环境，自我保护能力和自我调节能力肯定会差一些。

父母过度的保护，看似是为了孩子好，其实却削弱了他们对外界的适应能力，降低了孩子的抵抗力，甚至剥夺了他们自然成长的最佳时机。在他们本该学会生活自理、自立的年龄，失去了自我磨炼和成长的机会。除了身体上的吃不消，还有心理上的影响。当孩子独立面对这个世界时，就会变得无所适从、束手无策，无法自己解决问题，哪怕是玩耍，也会显得局促，渴望着父母的陪伴。

孩子固然是家里的宝贝，但是呵护孩子也要讲科学，过多的呵护与娇宠不仅无益，反而不利于孩子的身心健康。不妨让孩子“吃点苦”，多让他们经历风雨，这样的孩子才能更强壮、更健康。

斯宾塞支招DIY

拥有一个健康的身体，才能谈得上学习、工作和快乐地生活。为了孩子能有一个美好的未来，父母首先要摒弃对孩子的溺爱，还他们一个自由成长的空间，呵护好孩子的健康，让他们更加茁壮地成长。

●**不过度保护。**孩子虽小，但是也有本能的自我保护意识。父母不要过多限制孩子的行动，在没有危险的情况下，最好给孩子活动的自由。

●**不包办代替。**应从小让孩子养成自理的习惯，不要事事替代孩子去做。当孩子能自己动手时，就鼓励他们自己穿衣服、吃饭，自己收拾床铺等，既使孩子体能得到锻炼，又培养了孩子爱劳动的好习惯。

●**户外活动不可少。**把孩子关在家里并不保险，正在发育的孩子需要多接触阳光和新鲜的空气，让孩子多到户外活动，对增强机体各部分器官的功能十分有益。父母应多带孩子参加户外活动及锻炼，以增强体质、预防疾病。

●**限制孩子吃零食。**五颜六色的零食对孩子的确充满诱惑，但无节制地吃零食，会损伤肠胃，使营养失去均衡，不利于孩子的健康。所以，对孩子的不合理需求不能无限满足，平时尽量让他们少吃零食，多吃水果、蔬菜、谷物等有营养的食品。

●**滋补保健品不可滥用。**滋补保健品并不适合孩子多吃，因为滋补品多是强化人体的某项功用，而不利于需要全面营养的孩子食用。特别是孩子身体虚弱的时候，肠胃消化功能也较弱，进补反而加重肠胃的负担。其实，孩子的正常生长发育不需要什么特别的补品，只要饮食均衡、合理膳食就可以了。

缺乏食物和衣物，会使孩子的身体受到伤害；衣食无忧，娇生惯养，则会使孩子体弱多病。孩子需要有一些历练才能够成长，如果父母怕孩子受到委屈，对孩子过度地呵护，会使他们失去生活自理的能力，无法自立、自强。

爸妈私房话

孩子穿衣有讲究

给孩子穿着打扮并不是一件简单的事情，他们的冷暖、舒适与父母有着很大关系。合理、科学地给孩子穿衣，孩子才能快乐地生活、健康地成长。

故事的天空

星期天，王红莲到好友余华家做客，一进门，只见余华四五个月大的孩子正躺在床上哇哇大哭，哭得满头是汗，汗水和眼泪掺和在一起，弄得孩子都成了小花脸。

余华两口子忙得团团转，给孩子水也不要，给孩子奶也不要，拿玩具逗他高兴，小家伙伸手把玩具打到了一边。他俩以为孩子身体哪里不舒服，检查了半天还是没有发现什么。

余华有些没了主意，觉得孩子肯定是生病了，正商量着要去医院，见好友来了，赶紧求教，说："你是过来人了，快帮我们看看，孩子是不是病了？"

王红莲抱过大哭的孩子，感觉从孩子身上有一股热气扑来，摸摸小家伙的头，并没有发烧，说："孩子应该不是有什么病。"

余华一脸焦急地说："没有病？那怎么总是哄不好呢？"

王红莲三下五除二就把孩子扒个精光，拿过一件小背心给他穿上，小家伙立即止住哭声。

余华两口子松了口气，她看看高兴地玩了起来的孩子，有些担心地说："都脱光了，不会着凉吧？"

王红莲保证道："不会的，房间的温度都二十八九度了，孩子又在活动中。你们给他裹得严严实实的，反而要捂出病来呢！"

余华抱起正在玩自己小手的儿子，亲了一口，向老大姐求教起育儿经来。

吕姐爱心课堂

穿衣服对于成人来说，是再简单不过的事情。可是，对于小孩子来讲，却不那么简单。由于他们还不会用语言来表述，更不知道如何用增减衣服来进行自我调节，这就需要父母来帮助完成了。

斯宾塞强调："大人给孩子穿衣要舒适、适宜，不要过紧，也不要过多。正确给孩子穿衣，不仅能让孩子少生病，还能塑造孩子美好的身材。"许多父母按照成人的感觉给孩子穿衣服，其实这是一种误区，父母感觉孩子冷或热，也许实际情况正相反。所以，给孩子穿衣服要讲科学、讲实际才行。例如在冬天，大人担心冻着孩子，就总爱给孩子穿很多衣服。尤其是那些上了年纪的爷爷奶奶，因他们年老体弱，会觉得孩子也像他们一样怕冷，里三层、外三层地把孩子包裹得严严实实。其实，孩子本身是纯阳之体，再加上活泼好动，很容易出汗，过多或过厚的衣服不仅不利于孩子活动，还容易滋生内热，把孩子捂出病来。

给孩子穿脱衣服，要以孩子感到舒适为宜，父母可根据气温变化和自己的感觉，有计划地给孩子增减衣服。如果应减衣服而不赶紧减，会降低孩子的抵抗力，引发呼吸道感染。相反，一味地多穿、严捂，容易使孩子大量出汗而造成"脱水"。这就需要父母细心观察，对于孩子来说，只要手暖、脚暖、不出汗，就是最舒服的了。其实，孩子的四肢并不怕凉，如若要"捂"的话，适当注意腹部和背部保暖就可以了。

斯宾塞支招DIY

给孩子穿衣服，要讲究实际，没必要过于华丽，只要适当保暖，利于活动就可以了。父母千万不要觉得孩子穿得不体面，大人面子就过不去。对于孩子来说，健康才是最重要的。

● **冷暖适宜保健康。**给孩子穿得太多、太厚、太少，都不利于孩子的健康。穿衣的薄与厚，应以孩子不出汗、手脚温而不凉为标准。如果穿得过多，不仅使孩子容易出汗着凉，而且不利于他们自由活动，从而减少锻炼的机会。适宜的穿着，孩子活动自如，运动量也会增加，这样更有利于提高他们肌体的抗病能力，增强体质。

● **适当加减衣服。**当气候变化时，孩子的衣服要勤穿勤脱，不要只加不减。特别是冬季降温时不要一下子穿得过多，要有一个渐进过程，让孩子逐渐适应。给孩子加减衣服，应该根据天气变化、孩子的年龄以及身体状况而定。

●**根据孩子活动量穿脱衣服。**对于还不会走路的孩子，可根据大人在安静状态下，感觉舒适、不冷不热时所穿的衣服为标准就可以了。那些已经会走会跑的孩子，则要比成人少穿一件或薄一点为宜。外出活动时可以给孩子多带一件衣服，待孩子活动过后及时穿上。

●**孩子的衣服要首选纯棉面料。**由于孩子的皮肤一般都很敏感，且活动量大，容易出汗，这就要求布料的吸湿性和透气性能良好，而棉质布料恰恰满足这样的要求，所以孩子的衣服应选用棉质布料为佳。

●**自然、宽松更舒适。**不要给孩子穿太紧的衣服，应自然、宽松、舒适。衣服过紧，会使孩子的身体受到束缚，难以形成健康的体魄和优美的体型，此外，还容易导致孩子胸部狭窄、呼吸紧促和压迫肺部等。

大人给孩子穿衣要舒适、适宜，不要过紧，也不要过多。正确给孩子穿衣，不仅能让孩子少生病，还能塑造孩子美好的身材。

良好的睡眠，为孩子快乐成长加油

父母要选用正确的床和床上用品，合理安排孩子的睡眠时间，顺应自然规律。这样，才能让孩子身体更健康，精力更充沛。

故事的天空

3岁的琳琳一直显得很清瘦，食欲不太好，精神状态也很差。妈妈曾经多次带她去看医生，经过检查没有发现有什么毛病。

“十一黄金周”，住在另一座城市的老同学李丽带着2岁半的儿子尧尧来做客，就住在琳琳家。好朋友几年不见，自然高兴，聊得热火朝天。不过，话题全都在孩子身上。

午饭后，在客厅聊天，琳琳妈妈看着虎头虎脑、浑身是劲儿的尧尧，说：“也许是男孩子吧，小家伙多好动啊，真是一个惹人爱的淘气精！”然后看看病恹恹的女儿，叹息着，“这孩子，怎么就总是没有精神头儿呢？”

李丽询问了许多后，分析道：“既然没什么毛病，那就应该在护理上找找原因。”

这时尧尧过来找妈妈，说要睡觉了。李丽赶紧停止聊天，照顾儿子去午睡。琳琳妈妈赶紧帮忙铺床，看着尧尧躺下闭上眼睛，乖乖的样子，羡慕不已。

李丽示意不要出声，然后拉

着琳琳妈妈悄悄退出，回到客厅，才继续着下面的话题。她认为琳琳的睡眠有问题，应该在这上面找原因。

琳琳妈妈回想了一下说：“可能吧，我们都忙，作息没有规律，孩子也随我们晚睡早起的，都习惯了。”

李丽介绍着经验，孩子的睡眠应有规律，尧尧总是早睡早起，然后午睡一两个小时，很少有熬夜的时候，一天的精神头儿可足了。她建议老同学也试试看。

也许有了尧尧做伴吧，琳琳在七天长假里，按规律作息，精神状况明显有改善。李丽在告别时还在叮嘱老同学，坚持就会有不一样的结果。

吕姐爱心课堂

睡眠和吃饭喝水一样，是每天必须要做的事情，否则身体健康将会受损。特别是对正处于身体发育期的孩子来说，睡眠尤为重要。

斯宾塞说：“当夜晚来临的时候，世界开始从喧闹走向宁静，这是大自然给人类的启示，意味着该休息了。如果这时孩子还是特别兴奋，显然是违背自然规律的。孩子处于发育阶段，如果能够顺应自然的发展规律，就能够得到更好的发育。”睡眠是孩子身体发育过程中最重要的因素之一，直接影响着孩子的智力和身体健康。因为人的一生有将近一半时间是在睡眠中度过的，所以，父母要让孩子从小就养成良好的睡眠习惯。

许多父母对孩子的饮食冷热十分重视，对睡眠似乎不太在意，觉得多睡一会儿、少睡一会儿没有什么关系。其实，由睡眠引起的健康问题是十分普遍和突出的。良好的睡眠，可以调节人体神经系统的功能，改善精神状态，有助于孩子保持愉快的情绪和旺盛的食欲，增强机体免疫力，是孩子抗病免疫的自卫武器。如果睡眠不足，则会使孩子烦躁、发脾气、胃口不好，影响他们正常的生长发育。

拥有足够的睡眠，养成良好的作息习惯，对孩子极为重要。一般来说，新生儿每天要睡16个小时，出生后3个月每天大约睡14个小时，6个月～1岁每天约睡13个小时，到了2～3岁时，每天睡12个小时就可以了。孩子的睡眠与成人有所不同，成人睡眠是为了休息，养精蓄锐。而孩子的睡眠不仅仅是休息，也是促进其发育的一种方式。因为，睡眠与生长激素的分泌有关。人类的生长发育依赖于脑垂体前叶分泌的生长激素，而生长激素的分泌有其特定的规律。生长激素只有在睡眠时分泌最多。医学研究证明，人体睡眠时分泌的生长激素为醒时的3倍多。这种生长激素的分泌在人体深睡一小时以后逐渐进入高峰，一般在晚上10时至凌晨1时为分泌的高峰期。

孩子睡觉最迟不能超过晚上9时，一般以晚上8时前睡觉最为适宜。这样，既保证了充足的睡眠，又不会错过生长激素的分泌高峰期。生长激素分泌过少，会造成身材矮小。所以，要使孩子长得快，充足的睡眠是必不可少的。

斯宾塞支招DIY

如何让孩子拥有一个充足、高质量的睡眠，是父母必须要重视的问题。要使孩子睡得好，首先要注意从小为他们养成良好的睡眠习惯，按时睡，按时醒，保证充足的睡眠时间。这样孩子才能长得壮、吃得香，健康成长每一天！

●**安静的环境很重要。**要想孩子尽快进入睡眠，就要为他们创设一个安静的环境。孩子的房间最好不要临街，家中也尽量避免嘈杂的声音。室内应保持冷暖适宜，空气新鲜，除冬季开窗换空气外，其他季节可让孩子开窗而卧，因为新鲜空气中含有充足的氧气，可以促使孩子舒适而深沉地睡眠。

●**入睡前的准备。**白天尽量让孩子多活动，玩累了，上床后自然能很快进入睡眠状态。睡前不要使孩子过分紧张或兴奋，更不要采用粗暴强制吓唬的办法让孩子入睡。可播放悦耳的催眠曲，或妈妈轻声哼唱，都能促使孩子尽快进入梦乡。

●**轻柔的呼唤。**当叫醒睡眠中的孩子时，动作要轻柔，声音不要太过急促或是大声尖叫，要给孩子一个缓冲清醒的时间。孩子躺在床上尚未清醒时，可以讲一些有趣的故事，吸引孩子的注意力，让他慢慢醒过来。也可以在唤醒孩子前，播放轻缓的音乐，让声音渐强，用音乐唤醒孩子。

●**硬床比软床好。**孩子的骨骼正处于生长发育中，脊柱骨骼较软，周围的肌肉、韧带也很脆弱。如果长期让孩子睡在太软的床上，容易使脊柱和肢体骨骼发生弯曲或变形，甚至妨碍内脏器官的正常发育，导致孩子身体虚弱，影响健康。硬床可以锻炼孩子的体格，并且增强孩子的适应能力。当他在外面过夜的时候，不会感觉到床铺细微的变化，更不会由于床的问题而失眠。

●**不宜开灯入眠。**孩子的神经系统尚处于发育阶段，适应环境变化的调节机能还很差，长期开灯睡眠，会使人体适应昼明夜暗的自然规律发生改变，从而影响孩子正常的新陈代谢，对生长发育不利。且持续的光线刺激，易损害孩子视网膜，干扰其视力的正常发育。任何人工光源都会产生一种微妙的光压力，这种光压力还会使孩子睡眠不良，睡眠时间缩短。所以，孩子出生后便要开始培养他关灯睡觉的好习惯。

●**关注孩子的睡眠质量。**如果孩子经常做噩梦、睡不踏实，应仔细查找原因，用合适的方法来帮助他摆脱这种痛苦的困扰，让孩子拥有更高质量的睡眠。

●**养成从小独睡的好习惯。**让孩子独睡，可以减少与父母同睡时呼吸道疾病的感染概率，利于孩子的睡眠质量，并且能避免成人翻身所受到的干扰。

睡眠能让孩子疲惫的身心得到放松和休息。孩子身体的作息就像是白天与黑夜的交替一样，白天喧哗、运动，夜晚宁静、和谐。我认为睡眠是孩子身体发育过程中最重要的因素之一。人生将近有一半时间是在睡眠中度过的，父母要从小让孩子养成良好的睡眠习惯。

爸妈私房话

孩子的“排泄”问题别忽视

孩子吃不好，妈妈心焦；孩子拉不好，妈妈同样心急火燎。可不要小瞧了孩子的“排泄”问题，它和“入口”同等重要。

故事的天空

泉泉从幼儿园一出来，嘴里就不停地咳嗽，妈妈知道他感冒的老毛病又犯了，赶紧与前来接孩子的其他家长告别，带着孩子匆匆地去了医院。

孩子输上液后，泉泉妈妈同医生聊了起来。她诉苦道：“孩子三天两头地闹毛病，他的体质怎么这样差呀？”

医生和蔼地问道：“孩子日常起居怎么样？”

泉泉妈妈事无巨细地回忆着，在穿衣服的问题上，总是根据气温及时加减衣服，睡眠也没问题，饮食上也都比较卫生。

医生略思考了一会儿，问：“排便规律吗？”

泉泉妈妈听后，开始叫起苦来，皱着眉头发愁地说：“这可是大问题啦，你说这么小的孩子却总是便秘，每次都要费一番周折的。”

医生很有经验地说道：“这就对了，都是便秘惹的祸。”

泉泉妈妈不解地问：“便秘是胃肠上的事情，而感冒发烧是呼吸道出了问题，这二者之间还能扯上关系?”

听了医生的一番解释，她才明白，原来，孩子的排便问题也不可忽视。由于平时没有给孩子养成良好的生活和排便习惯，会造成食积、便秘。一旦大肠粪便燥结，容易导致肺泡巨噬细胞死亡率增高，肺组织抵抗力下降，进而引起反复的肺及呼吸道感染。

等儿子的药液输完了，妈妈也弄懂了许多问题，于是下决心要帮孩子养成良好的生活和排便习惯，以消除便秘对他身体带来的危害。

吕姐爱心课堂

吃、喝、拉、撒、睡看似小事，其实一点也不简单，直接关系到孩子的健康成长。特别是排便问题，尤其要重视起来。食物进入人体后，营养会被吸收、利用，剩下的废物、残渣就会变成排泄物被排出体外，这折射出一个人体的循环过程。能否形成正常、健康的身体循环，是孩子健康的晴雨表。

斯宾塞从生活中点滴小事上关心小斯宾塞的健康状况，他认为：“孩子在早晨起床之后，或者是在进行早餐之后排便是对身体最有益的。由于早晨的胃是空的，身体又经过一整夜的调整，在这个时间排便，能够把体内的一些垃圾和有害的东西全部清除，这样就可以让腹部和肠胃处于一个轻松的状态。”当今，许多父母主要关注孩子的吃喝穿戴、学习认知，却很少关注到排便的问题，觉得它是人体自然而然形成的，无须特别关照。这是一种错误的观念，应该摒弃。食物的消化、吸收和排泄是有规律的，如果出现紊乱，就会直接影响到健康。

有的孩子一天数次排便，有的则几天排一次便，这都是不正常的。大便过于频繁或便秘，对孩子身体健康都有危害，会造成胃肠功能紊乱，对身体脏器有不可估量的影响。如今生活条件好了，孩子饮食上肉多菜少，且高热食品摄入过量，再加上缺乏运动，没有给孩子养成规律的排便习惯，患便秘的小孩子越来越多。大便不通，问题多多，不仅会导致孩子腹胀、口臭、食欲不振、营养不良、情绪烦躁，使生长发育受影响，还会降低脑功能，影响孩子的智力发育。

孩子的“排泄”问题不容忽视，只有“进口”和“出口”一起抓，才能给孩子一个健康强壮的好身体。若想孩子排便正常，一定要从小帮他们养成良好的生活和排便习惯。

斯宾塞支招DIY

孩子排便习惯的养成，不是一朝一夕的事情，从开始学习直至独立排便，需要一个较长的过程。父母一定要有耐心，多鼓励和表扬孩子，正确地引导孩子顺利完成排便训练。

●**定时排便是关键。**每天都能准时排便才是最佳健康状态，一般来说，早晨排便最为适宜，这时孩子情绪平稳，容易集中注意力排便。所以，父母要让孩子养成定时排便的好习惯，每天早晨坚持让孩子练习排便，让他逐渐形成条件反射。

●**可爱的便盆容易让孩子乐于练习排便。**为了让孩子能愉快地接受排便训练，要给孩子准备一个他喜爱的便盆。选购便盆时，可以带着孩子一起去，让孩子挑选他心仪的款式和颜色，这会使他对便盆产生好感和兴趣，就会愿意定时坐到上面去。

●**不要让孩子长时间坐便盆。**孩子实在排不出时，就不要让他长时间坐在上面，可以让他活动一会儿。每次坐便盆5～10分钟为宜，每天次数也不宜过多。也不要让孩子在便盆上做其他事情，如玩玩具、边坐便盆边玩或看书等，这样会分散孩子的注意力，延长排便时间，甚至养成坏习惯。

●**应在孩子自愿的前提下进行训练。**孩子到了1～2岁时才能真正自己控制大小便，所以，对孩子的排便训练不宜过早，父母可先对孩子进行试探性的坐便盆训练，如果孩子不接受，说明孩子还没到该训练的时候。只有在孩子自愿的前提下进行，才能顺利地完成训练。

●**多给孩子些鼓励。**在排便训练的过程中，要时刻用积极鼓励的语言来赞扬孩子，让他对便盆产生好感，自愿去尝试。不要让孩子心理上产生排斥情绪，否则就很难进行下去了。

斯宾塞小语

排便虽然是一件很简单的事情，但是对孩子的身体却非常重要。父母应该让孩子长期坚持起床后或者进食后马上去排便，慢慢地养成习惯，这会使孩子的身体更加强壮。

滥用药物，孩子受伤害

药能治病，也能“致”病。预防疾病，不滥用药物是第一位的。父母应从预防着手，把住病菌入侵的关口，能不用药，就尽量让孩子通过自身的免疫功能进行自我调节和修复。

故事的天空

5岁的鑫鑫早上起来，脸有些发红，细心的妈妈伸手在他头上摸了摸，觉得孩子有些发烧，用体温计一量，37.5℃，赶紧去给孩子找退烧药，翻遍了小药箱，也没有找到，她把儿子送到对门邻居王玲家，说是去买药。

王玲摸摸鑫鑫的头说：“是有点发烧，不过应该没关系的，先不要去买药吧？看是什么原因造成的，再对症下药也不迟。”

鑫鑫妈妈有些着急地说：“发烧还能有什么好办法？赶紧吃药退烧呗！”

王玲说：“发烧不是病，而是一种病理反应。盲目地退烧，治标不治本，需要找到病因才行啊。”

鑫鑫妈妈有些犹豫了，在王玲的劝说下，决定暂时不去买退烧药，观察一下再说，就和王玲聊起了家常。

王玲拉过鑫鑫柔声地问：

“宝贝儿，哪儿不舒服啊？”

鑫鑫用小手摸摸自己的肚子。

王玲把鑫鑫抱到床上，用手去摸摸他的肚子，果然有些发硬。就问鑫鑫妈妈，昨天都给孩子吃了什么。当听说孩子吃了烧烤时，判断可能是孩子吃坏了肚子，然后把耳朵贴在鑫鑫的肚子上听了听，更加坚定了自己的判断。最后，她建议多给孩子喝些白开水，吃点流食，如果孩子没有胃口，不要强迫他吃东西，也许烧就退了。

鑫鑫妈妈回到家，按照王玲的方法，定时让孩子喝白开水，结果下午烧果然退了。她跑过去谢王玲。

王玲说：“我家孩子也经常有发烧的情况。都是经验之谈，只要细心些，孩子的小毛病不用吃药也能好。滥用药物对孩子的危害很大，需要用药，还得去看医生，不要自己随便给孩子用药。”

吕姐爱心课堂

自从人类发明了用药物治疗疾病，人体健康得到了很大的改观。但是，药物疗疾的原理就是以毒攻毒，在治病的同时如果滥用药物，更容易导致疾病的发生，特别是对于正处在发育阶段的孩子，更不能滥用药物。

斯宾塞不主张滥用药物，他认为：“滥用药物会让孩子身体的抵抗力下降。孩子生病时，父母要根据孩子身体的实际状况和调节能力，看他是否能够自我恢复，不要轻易用药，这样孩子会更加健康。”滥用药物会大大降低孩子身体的自我调节能力，小斯宾塞之所以身体很健康，与斯宾塞的科学护理有着很大关系。

在生活当中，孩子有了小毛病，父母立即把孩子送到医院，一切都寄托在医生身上。吃药、打针、输液，结果孩子真的变成了“小病号”。其实，医生也不赞同给孩子滥用药物，是药三分毒！那些负责任的医生多是和蔼地告诉求诊者“给孩子多喝水”“休息好”之类的。这说明孩子本无大碍。

事实上，人体自身是有强大自愈能力的，这种自愈力是一种生命的本能，许多动物也生病，它们对抗疾病就是靠自身的免疫功能的自愈力，而不是什么药物。人体内蕴含着各种各样的激素，这些激素就是很好的药材。平时只要注意调养和改善生活习惯，仅靠人体自身的调节功能，60%～70%的疾病都能够自愈。每一个健康的人都拥有免疫力、排异能力、修复能力、代偿能力和应激能力等一系列的自卫体系。当人有不适或生病时，这套系统会马上调整人体的各种功能，并及时调动各种激素，进行及时修复和治疗。如果滥用药品，就会使人体的这种能力遭到破坏和退化，各种病症才容易招惹上身。

许多人得病是吃药吃出来的，小病也吃药，甚至没病也吃药。这是对身体极其不负责任的表现，特别是父母给孩子滥用药物，是绝对不可取的。这样做的结果可能是小毛病好了，大病却等在后边。免疫力下降了，抵抗力弱了，自然就挡不住疾病的侵扰了。

斯宾塞支招DIY

给生病的孩子科学用药是无可厚非的，但父母不要因为孩子一有个头疼脑热，就立即想到用大把的药物为孩子治病疗疾。一些小毛病完全可以通过科学的护理，靠自身的免疫力治愈。不妨多在日常护理上下功夫，讲究科学养育，这样孩子才会少生病，身体变得健壮起来。

●**不要轻易开启家中的“小药箱”。**家中常备一些药物应急是有必要的，如急救药品、温度计、感冒药等，以备不时之需。但是不能给孩子滥用。如果发现孩子生病了，最好去医院看医生。因为有些病在用药上也是有区别的，非专业人士容易搞混和误用，对孩子的健康十分不利。

●**让孩子有个好心情，是最好的“药”。**应从生活的方方面面来照顾孩子，注重预防，而不是用药。快乐的生活、愉悦的心情可以增强肌体抵抗力，使孩子少生病。正在长身体的孩子是不会轻易得病的，只要护理到位，就可减少疾病发生。

●**高质量的睡眠很重要。**孩子的睡眠很重要，研究表明，睡眠不佳可导致免疫系统功能降低，所以，让孩子睡好也可以减少疾病的侵袭。

●**科学护理战胜疾病。**在孩子生病时，父母不要惊慌，要仔细观察，平时多了解一些常见疾病的绿色疗法和护理方法。如孩子轻微的感冒，可以通过大量地喝水，吃一些维生素，而不是用吃药来调节。孩子感冒发热时，应让他多休息、多饮水，以利于降低体温和排泄体内有害物质。

●**父母要成为一个“非专业”的保健医生。**最好父母都学点医学知识，当孩子身体出现异常现象时能准确判断，知道如何处理与应对。

斯宾塞小语

滥用药物会让孩子身体的抵抗力下降。孩子生病时，父母要根据孩子身体的实际状况和调节能力，看他是否能够自我恢复，不要轻易用药，这样孩子会更加健康。

赤脚玩耍，健身又益脑

孩子总是喜欢光着小脚丫跑来跑去，这让妈妈几多烦恼几多愁。殊不知，这是孩子的天性，不仅使他们感到无拘无束，且对孩子好处多多。

 故事的天空

刘洋的儿子4岁了，正是跑跑跳跳的年龄，小家伙总喜欢光着脚丫在屋子里跑来跑去。由于楼下有人住，她总是担心人家找上门来。

一次，她在外面见到了楼下的李阿姨，赶紧表示歉意，说："孩子跑来跑去弄出的响声太大，影响你们休息了。"

李阿姨哈哈笑着说："你别说，我就喜欢听孩子跑动的声音，孩子不跑动时，我还挺想的呢！"

刘洋听后笑了，说："这孩子就喜欢光着脚丫到处跑，每天给他没遍数地洗脚丫，把袜子给他套上，他就赌气脱掉。鞋子就更不喜欢穿了。都说凉气从脚上起，真怕他着凉生病。"

李阿姨用过来人的口气劝慰她说："小孩子都这样，喜欢光脚丫到处乱跑。孩子生命力旺盛，得不下病的。我那几个孩子，在他们小的时候，光着脚丫子满院子跑也没事儿，越跑越结实。"

刘洋还是有些担心，就跑去问医生。

医生告诉她说：“对小孩子来说，只要地上没伤人的东西，打赤脚其实更好，可以帮助肌肉发育，帮助皮肤呼吸。特别是一些脚爱出汗的孩子，脚丫一天到晚闷在鞋里很不舒服。孩子经常赤足行走，可以调节肌体内的许多功能，让孩子感到轻松愉快，同时还可以预防感冒、神经及心血管系统疾病呢。”

这回，她心里踏实了，孩子在家里光着脚丫也不阻止了，还带着孩子去河边沙滩上赤脚玩耍。

吕姐爱心课堂

关于孩子赤脚的问题，许多父母都采取禁止的态度，理由是孩子皮肤嫩，容易受伤。且怕孩子脚底受凉，影响身体健康。再说，孩子光着个小脚丫跑来跑去，多不讲文明、不讲卫生啊！可是，对于幼小的孩子来说，却没有这些禁忌，他们喜欢无拘无束地玩耍，赤脚当然是一种解放了。

斯宾塞认为：“脚是用来走路的，父母要从孩子很小的时候开始锻炼他的脚力，这样他以后才能够走得快、走得远。”当他带着小斯宾塞外出郊游时，会让他光着脚走一走，只要脚不会被划伤，还让他光脚爬山。

斯宾塞的观点与我国中医理念不谋而合。中医将双脚分为66个穴位，其中不少穴位与内脏器官特别是大脑都有连接神经反应点，医学上称为足反射区。孩子经常赤脚活动，可刺激并兴奋这些密布于足底的神经末梢感受器，通过中枢神经的反馈作用，发挥调节包括大脑在内的器官功能，从而提高大脑思维的灵敏度和记忆力。

同时，让孩子细嫩的足底直接与泥土、砂石接触，不仅有益于足底皮肤的发育，提高足底肌肉和韧带的力量，更有助于足弓的形成，对预防扁平足的发生和快步行走十分有利。 赤脚行走为脚部带来适当刺激，可促进全身血液循环和新陈代谢，并有调节内分泌的功能，大大提高了肌体对外界变化的适应能力。赤脚运动对脚趾、脚掌心等部位也是一种良好的穴位按摩，能帮助孩子消化，强壮骨骼，使孩子耳聪目明，对预防尿床、积食、腹泻、便秘等都有好处。

斯宾塞支招DIY

经常让孩子赤脚玩耍，不失为一种有益的体育锻炼，成人打赤脚也是有很大好处的。父母没必要对孩子打赤脚如临大敌。不妨和孩子玩一些互动游戏，在没有安全隐患的环境中，尽情享受这种无拘无束的乐趣吧。

●**让孩子赤脚行走在沙滩上。**沙滩是比较安全而又适宜行走玩耍的地方。利用周末等节假日，带孩子到有沙滩的海边或河边玩耍，让孩子尽享赤脚的快乐。

●**在地板上跑来跑去。**把地板擦拭干净，让孩子赤脚在上面玩耍。不要担心孩子着凉，现在家庭多住在楼房里，即便是一楼，下面还有地下室。没有了潮气，一般来说孩子不会着凉。当孩子跑来跑去时，身体还会发热出汗，所以没必要担心孩子着凉。另外，最好有时间限制，如在地上玩一会儿，再上床或沙发上去玩儿，都是很好的办法。

●**安全不可忽视。**与其他锻炼方式一样，赤脚锻炼也要注意安全问题。选择锻炼的场地应该平坦、干净，以软硬适中的沙土质地最为适宜，防止孩子的脚被尖锐物刺伤。也可以将收集的细沙仔细用水清洗、晒干，然后铺在家中阳台上供孩子赤脚玩耍。

●**好玩的赤脚游戏。**将各色塑料环套在小棍上，转动小棍将圆环甩出去，让孩子赤脚追赶在地上滚动的圆环；将彩色皱纸折成一个个花朵，或者将厚一点的彩纸剪成各种花片，撒到地上，让孩子赤脚跑去捡拾；选用较大的吹气塑料球，让孩子赤脚边踢边跟着向前走。父母也可自己设计一些游戏同孩子一起玩，相信他们一定会非常乐意与你一同赤脚玩耍的。

父母要从孩子很小的时候开始锻炼他的脚力，这样他以后才能够走得快走得远。

户外运动趣味多

通过户外活动，孩子能看到更多的人，接触到更多新鲜的东西。在愉悦身心的同时，还能使他们的身体更健康、更强壮。

故事的天空

5岁的乔乔是出了名的小运动健将，在羽毛球、乒乓球项目上很少找到同龄小对手。

星期天早晨，乔乔是第一个睁开眼睛的，他已经和爸爸约好，打三局羽毛球定胜负。他爬起来跑到爸爸的房间，见爸爸依旧闭着眼睛，便对爸爸的耳边吹气儿，结果爸爸禁不住痒痒，只好乖乖起床。

清晨，空气新鲜，让人的心情大好，父子俩你来我往地打着羽毛球，妈妈站在一边做着扩胸运动。

同一单元的卓卓妈妈羡慕地看着他们，对乔乔妈妈无奈地说："我家那爷儿俩，到现在还赖在床上，怎么叫都不肯起来。"

乔乔妈妈出着主意说："小孩子都喜欢争输赢，明天让两个孩子进行比赛，你追我赶的肯定能达到锻炼的目的，等养成了习惯，自然而然就躺不住了，时间一到准能爬起来。"

卓卓是一个小胖子，尽管

不是乔乔的对手，在双方父母的鼓励下，还是很奋力地追赶着跑在前面的乔乔。

两个星期过去了，卓卓终于不再赖床了，与乔乔一起快乐地进行晨练。

吕姐爱心课堂

户外运动是孩子最喜欢的，外面的世界对孩子来说更具有诱惑力。许多孩子之所以赖在屋里，与父母的教养方式和影响有很大的关系。斯宾塞认为："大自然就是一个天然的运动场，它有四季的交替变化，山川河流、风雨冷热等，这些都是上帝对人类的恩赐。正如一个人要获得智慧，就应该去聚集着充满智慧的人的地方一样，如果一个人想要获得力量，就应该去有许多生命生长的地方。"小斯宾塞在他的影响下，喜欢上了户外运动，除了养成爱运动的好习惯，还拥有了一个好身体。

身体正处在生长发育时期的孩子，随着各项能力的逐步提高，他们已经不满足于在室内玩耍和生活了，而是喜欢到户外更广阔的天地中去。明媚的阳光，新鲜的空气，鲜花，绿树，空中飞过的蜻蜓和蝴蝶，跑来跑去汪汪叫的小狗，还有更多的新鲜事物，都令孩子欣喜不已。心情好了，活动量增大了，孩子食欲自然好，爱吃东西，不挑食，晚上的睡眠也会更好。

走出家门，是孩子向往和渴求的事情。在户外活动中，孩子能接触到更多的同龄小朋友，他们在一起玩耍，一起游戏，可以锻炼他们的身体活动能力和社会交往能力。一个人的健康，最主要的表现是他对外界环境的改变能迅速地适应。孩子如果缺少户外活动，没有阳光、空气等自然条件的刺激来提高体温调节的机能，体质就会偏弱或很弱。经常在户外锻炼活动的孩子，在受到寒冷的刺激时，体温下降的幅度小，而且恢复的速度快，因此身体更强壮、更结实。

斯宾塞支招DIY

户外活动利于孩子的成长，父母要立即行动起来，赶紧带孩子走出家门，多多参加户外活动，切不可错过了孩子身体发育成长的最佳期。

●**从小开始，一贯坚持。**孩子还没有开始学会走路时，就应该经常带他到户外活动，让他感受新鲜的空气和温暖的阳光，熟悉室外环境。等能行走跑动时，开始训练孩子做些简单的运动，如与父母赛跑、蹦跳等。再稍大些时，可以和孩子进行打乒乓球、踢皮球等活动，让孩子从小养成爱运动的好习惯。

●**活动内容要适合孩子。**活动的内容要根据孩子年龄的特点及个体差异来安排，运动量不宜过大，孩子有了疲劳现象，应该停止活动。如孩子没有了兴趣，不要强迫孩子坚持下去。

●运动前要先“热身”。虽然户外运动具有玩耍性质，但是也要认真去热身。如揉揉脸和耳朵、搓搓手、转转手腕和脚腕、扭扭腰部与四肢。身体的肌肉、关节完全活动开后，再做强度稍大的运动，可避免扭伤和拉伤。

●不可忽视的“冷身”。如果孩子进行的运动比较强烈，运动后不要忘记让孩子做放松运动，否则突然停下来休息，心脏供血不足，容易出现头晕、恶心等缺氧症状。

●运动后注意饮食禁忌。一般来说，孩子活动量大后，会口干舌燥，甚至有饥饿感。但要注意，运动后不能马上大量喝水，也不宜立即给孩子吃东西，以免引起消化不良。最好休息一会儿再饮水或进食。

●给孩子选择的权利。户外活动玩什么、怎么玩，要由孩子自主选择。父母可以积极地参与其中，用饱满的情绪去感染孩子，以激发他们的活动兴趣。

●运动中要注意安全。所有的户外活动都必须在安全得以保证的前提下才能进行。如活动的场地是否安全，活动用具是否存在质量问题，运动器械是否适合孩子使用，等等。父母还要充分考虑孩子的身心承受能力，进行每项活动时，一定要教给孩子正确的姿势和方法，保证动作的安全性，避免错误的运动方式误伤孩子肢体。

斯宾塞小语

父母应该经常带孩子去户外活动，让他习惯户外的烈日和严寒。这种习惯和必备的身体素质，父母应该在孩子很小的时候就有意识地去培养。否则，当孩子长大以后，他就不适应户外的环境，也不会对户外活动有兴趣。

健康心理，为孩子成长保驾护航

孩子在不同阶段有不同的心理特点及形成原因，对于哪些心理是来自心智而不是理智、道德和情感，哪些心理会产生积极的行为，而哪些又会产生消极的行为，其诱导方法和结果自然不同。教育者要像了解一部机器的内部结构那样，了解孩子每个阶段的心理特点、成长规律以及教育方法，这样才能收到良好的教育效果。

——斯宾塞

阅读时间：25分钟　　受益指数：★★★★★

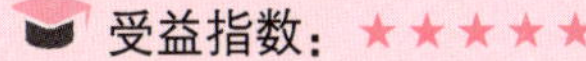

笑对生活，培养孩子积极乐观的心态

要让孩子真正持久地快乐一生、幸福一世，必须从小培养他们直面挫折、乐观豁达的生活态度，使他们拥有一个积极向上、阳光灿烂的良好心态。

故事的天空

5岁的甜甜从幼儿园里一出来，见到妈妈就哭了。原来，下午玩游戏时，杨晶晶踩到了她的脚，非但不道歉，还不理睬她。

妈妈替她拭去脸上的泪痕，还在她的小脸蛋儿上亲了一口，说："宝贝儿，也许她不是故意的，不要放在心上了。"

甜甜虽然没说什么，心里却依旧闷闷不乐，往常回家时她一路有说有笑，今天她一句话也不说了，小脸一直阴沉沉的。

爸爸做好了饭，见女儿进门不高兴的样子，故意逗她说："呵，瞧这小嘴儿噘的，都能拴一头小毛驴了。"

甜甜扑哧一声笑了，可是随即小脸又是晴转多云了。

妈妈放好书包，拉着女儿坐到沙发上，给她揉着脚丫，说："被踩一下对脚有好处呢，你看，什么事也没有，就当锻炼一下嘛。”

爸爸及时把剥好的香蕉递过来，说：“来，香蕉含有丰富的快乐因子，补充一下能量，心情马上就会好起来的。”

看女儿吃着香蕉，父母你一句我一句地聊起了有关快乐的话题，甜甜也加入其中一起讨论起来。通过讨论她懂得了，积极乐观的心态不仅能驱除疼痛，还能使人在遇到困难时也不害怕。

吕姐爱心课堂

孩子虽然小，但是也会有心事。由于他们思维和心态尚不成熟，很容易受到挫折，并钻牛角尖。有时为了一件小事情，他们会闹情绪，不吃饭，摔东西，不搭理别人。如果小小的心结不及时解开，久而久之，有的孩子就会变得消沉，有的孩子性格急躁，逐渐形成灰色心理，变得不合群。

斯宾塞认为：“培养孩子乐观的生活态度很重要，它可以使孩子用积极的心态面对生活中的一切事情。”积极乐观的心态有助于人的身心健康，良好的心态会将一切有利的、积极的因素吸引到自己身边，并快乐地生活。

许多父母对孩子的“心事”不以为然，觉得小孩子的脸就像六月的天一样变幻莫测，高兴也好，生气也罢，都维持不了多久的。事实并非如此，小小人儿也是有性格、有脾气的。当孩子受到挫折或遇到不开心的事情，一定要及时帮助他们解开心结，把孩子朝着乐观情绪上引导，让他们真正无忧无虑生活，每一天都精彩，每一天都开心。

其实，生活中很多事情就是这样。乐观的心态会带来光明的结果，而悲观的心态只会换来悲伤的结局。好的心态可使人遇事沉着、从容、淡定、豁达、开朗；好的心态可使人有朝气、有精神，快乐进取；好的心态可使人健康、快乐、幸福。如果孩子能在生活中常常保持愉快的心情，会对他以后的生存和发展产生积极影响。做什么都会感到轻松，即便是遇到一定的挫折，也能从容应对，并不放弃努力。

为了孩子幸福一生，父母首先要做到乐观面对人生，多用鼓励、支持的教育方法，帮助孩子获得成功的体验，这对于他们树立自信心、形成乐观的人生态度是十分重要的。

斯宾塞支招DIY

积极乐观的心态是孩子健康成长必备的品质，但这种心态绝不是孩子天生就有的，需要父母在日常生活中有意识地去引导，并身体力行地营造出一个快乐的家庭氛围。

●**把快乐“传染”给孩子。**培养孩子乐观积极的心态，还是应从父母自身出发，给孩子创设一个良好的生活环境。如果父母本身对事件的看法就是采取一种乐观的方式，那么孩子就会耳濡目染。所以， 在孩子面前，父母要时时刻刻做出积极乐观的榜样。

●**给孩子正面引导。**当孩子遇到挫折时，千万不要批评他或是用负面的言语对待他。而是要多采用鼓励和赞赏的方法，帮助孩子获得成功的体验，这会使他们能更自信、更乐观地面对生活。

●**让孩子愉快地生活。**孩子经常处于愉快的精神氛围中，情绪自然开朗、活泼。如吃饭时、睡觉前，全家人听听轻音乐；茶余饭后，带孩子散散步，和孩子一起唱歌、做游戏，或者开展一些打球、下棋、书画等陶冶性情的娱乐活动。

●**让孩子体验“成功”的快乐。**对于孩子来说，成功的体验很重要，父母要多给孩子动手动脑的机会，让他们在完成各种任务中体验“成功”的快乐，以此获得极大的满足感和自豪感。这种积极的情绪会使孩子充满动力，变得乐观向上。

●**及时消除孩子的不良情绪。**当孩子遇到不愉快的事情，父母要设法尽快消除其不良情绪。帮助孩子解开心结的方法有很多，如倾听孩子的心声、转移孩子的注意力、教孩子合理宣泄等，都能使他们恢复愉快的心境。

●**带孩子到大自然中去。**父母利用假日带着孩子一起走进大自然，在草地、田野上奔跑嬉戏，和孩子一起捉小虫、捕蝴蝶、放风筝，融入大自然中的孩子一定会有享不尽的乐趣。

●**帮助孩子消除过多的“贪念”。**太强的欲望容易使人丧失幸福感。孩子们大都拥有太多的物质占有欲，如看到喜欢的玩具就想要，得不到满足就会很失落。父母要适时提醒孩子：不要过于要求父母来满足自己的物质欲望，一个易于满足的人才更容易获得快乐。

斯宾塞小语

乐观的心态会带来光明的结果，而悲观的心态只会换来悲伤的结局。好的心态可使人遇事沉着、从容、淡定、豁达、开朗；好的心态可使人有朝气、有精神，快乐进取；好的心态可使人健康快乐、幸福。

爸妈私房话

我能行，让孩子拥有自信

自信是一个成功者最重要的心理素质之一，但它并非与生俱来，必须由父母对孩子从小加以正确引导，使孩子逐渐学会相信自己，建立起自信。

故事的天空

4岁的淘淘坐在小桌前，专注地把玩着手里的小汽车，他已经征得妈妈的同意，正在“修理”小汽车。其实，就是拆装的过程。小家伙昨天已经把玩具小手枪“修理”了一回，觉得自己很有能耐，这次他信心百倍地要拆装一回更复杂的小汽车，以显示一下自己的本领。

这时，淘淘妈妈的老同学于梅来访，看见淘淘动手拆玩具，说：“这么好的玩具拆掉太可惜了。”

淘淘妈妈却说：“没关系，让他练练手。”然后对儿子说：“我相信你一定会成功的。”说完，和于梅坐在沙发上聊起了天。

淘淘拆卸时动作很快，可是在安装时却遇到了阻力，由于零部件有十几个，小螺丝钉也有七八个，这让他很费心思和工夫。

两个老同学热聊了一阵子，过来看淘淘的成果。妈妈发

现他卡壳在螺丝钉上面时，就在一旁引导他多观察、多比较，受到启发的淘淘发现了奥秘，原来粗螺丝钉是插不到细孔当中去的，而细螺丝钉放到粗孔中就掉了出来。结果，他很快就把几个螺丝钉全部准确地安到了位。

当他举着自己的成果展示时，于梅惊讶地说："没想到淘淘这么棒，能把拆掉的小汽车重新装好。我家凯凯就差得远了，只知道拆，家里有一大堆散碎的零部件呢！"

淘淘妈妈说："你应该鼓励孩子，让他相信自己能行。"

于梅说回家试试看。

吕姐爱心课堂

自信心是人生命中积极、肯定的力量，一个充满自信的人，能不畏惧前途的艰难，勇往直前地走下去。斯宾塞说："如果不能给孩子智慧，就要增加他获取智慧的信心；如果不能给他财富，就要帮他寻找获取财富的信心；如果不能代替孩子生活，就培养他积极乐观的生活态度，增加他对生活的信心。"这才是父母应真正给予孩子的宝贵财富。可是许多父母忙于为孩子创造丰厚的物质基础，却忘记了给孩子增添自信。这是很大的失误，其实当今孩子物质生活并不匮乏，反而是精神生活陷入了一片荒漠。

缺乏自信不利于孩子的成长。那些缺乏自信的孩子，常常会因为犯了一点小错误就过分地惩罚自己。他们害怕与人交流，不敢当众表现自己，遇到挫折感到束手无策，不是自己去解决问题，而是喜欢处处依赖别人。这种对自身能力的怀疑，常常伴随着消极的情绪体验，从而影响了孩子全面健康地发展。

自信心是孩子积极向上、不断进取的源泉和动力，它像强心剂一样让人精神振奋，能将孩子的一切潜能充分调动起来，并把各部分的功能推动到最佳状态，使孩子的想法迅速转化为实际行动。以前不敢想不敢做的事情，因为有了自信心的支持，才转化成为可以实现的目标。

人人都需要自信，它是做事成功的基础。只有充满自信的人，才能勇敢地面对未来人生的一切挑战，才会创造幸福美满的生活。因此，在日常生活中，父母要通过各种活动，使孩子学会辩证地认识自我，既看到自己的优点，又发现自己的不足，使他们在一次次的尝试、探索、创造中，不断地证实自己，增强自信心。

斯宾塞支招DIY

自信是一个人获得成功的基石，父母应通过各种途径使孩子的自信心不断增强。

这样孩子才能不断进步，不断超越自我。

●**及时鼓励和赞扬。**每个孩子都有自己独特的地方，当他做自己喜欢的事时，会十分投入和自信。父母要了解孩子的特点，善于发现他们的优点并经常给予肯定和赞扬，这是孩子充满自信、不断进步的力量源泉。千万不要把孩子的缺点挂在嘴上，说孩子这也不能，那也不行，让孩子产生自卑感。

●**创设良好的氛围。**要培养孩子的自信心，首先要给孩子创造一个温馨、和谐的家庭氛围，给予孩子充分的关爱，让孩子拥有良好的情绪、积极的心态去面对外面的世界。父母还要以身作则，在日常生活中无论处理什么事都要有自信，积极地面对，时间久了，孩子也会深受感染的。

●**尊重和信任孩子。**一个得到充分尊重和信任的孩子才会拥有自信。尊重孩子，会使他切实地体会到自己是一个有独立人格的人。信任孩子，能调动孩子做事的积极性。这既培养了孩子对自己行为负责的品质，又增强了他们的自信心。

●**帮助孩子建立合乎他们能力的目标。**父母要帮助孩子建立每一阶段适合自己的目标，不要对孩子期望过高。目标定得太高，超过孩子能力所限，容易使他们产生挫败感，丧失信心。但目标也不能定得太低，如果孩子轻而易举就能完成，会使他变得轻率和骄傲。

●**给孩子自由决定的空间。**父母要注意多给予孩子自主决定的机会，如让孩子自己选择衣服的颜色、玩具的种类等，不要过多限制孩子的行为，这样他们才能在自由选择和决断中建立起自信。

●**宽容孩子的错误。**孩子是在不断犯错和改正中长大的，父母应给予孩子宽容和理解，对其进行正确的引导，教他们学会如何避免失误。当他们不小心打碎了杯子或碗，弄坏了父母心爱的物品，自己也会非常后悔和难过，甚至感到害怕。如果这时父母对孩子批评和指责，会给他们造成心理阴影，再遇到类似的事情时，他们可能会为了逃避惩罚而养成说谎的毛病，或者由于害怕失误而不敢做事，发展成为懦弱、不自信的性格。

斯宾塞小语

消灭孩子的自信，最好的方法莫过于经常性地指责和否定。相反，培养孩子的自信，最好的方法莫过于多给他肯定和赞美，即使在赞美中指出他的不足，也一样能增加他的信心。

勇气，带给人力量

培养孩子直面困难的勇气是非常必要的，它能使孩子迅速从困难和逆境造成的不良情绪中振作起来，从而朝着自己既定的目标不断前进，直至到达成功的彼岸。

故事的天空

5岁的龙龙和父母一起来到小溪边练胆量。

在小溪的这一端，龙龙看着铺在水中的青石有些害怕，尽管爸爸已经做出了示范，在他前面昂首阔步地走了过去，可他还是胆怯地抬不起脚，回头看着妈妈，想请妈妈帮忙。

妈妈鼓励道：“龙龙是小男子汉，是最棒的！妈妈相信你一定能大胆地走过去。来，妈妈走一遍给你看。”说完，她坚定地踩着水中的石块，平稳地走了过去，来到对岸和爸爸站在一起。

龙龙看妈妈也走了过去，心里增添了很大的勇气，开始把左脚踩到第一块青石上，然后小心地把右脚也放了上去。

父母高兴地为他鼓掌加油，爸爸还走到小溪中间前来接应。

龙龙又增添了几分勇气，开始向第二块青石迈进。在爸爸的引导和妈妈的鼓励下，龙龙一步一步地踩着溪水中的青石向前走去，终于顺利地来到了胜利的彼岸，心里油然升起一股自豪感，觉得小溪也没有那么可怕了。在回来时，他夹在父母的中间，很顺利地走了过来。

小家伙来了兴趣，他要坚持自己重走一回，不要父母陪伴了。就这样，他来来回回走了数趟，由先前的不敢迈步，到后来的疾走如飞，胆子越来越大，动作越来越熟练了。

吕姐爱心课堂

斯宾塞认为："勇气是将积极乐观的心态付诸实践，它能给孩子信心，帮他克服困难。培养孩子的勇气，父母需要摒弃代替和包办的做法，多让孩子独自承担一些困难和事情，自己只要在一旁给他打气加油就可以了。"在斯宾塞的成长过程中，也和其他孩子一样，曾遇到过很多难题和令他恐惧的事情，如黑夜、迷路、陌生的环境、和小朋友争吵、接受犯错之后的惩罚等。一般情况下，斯宾塞的父亲都是让他独自经历这些事情，自己则只在一旁给予必要的关注和鼓励，使他充满勇气地迎接和战胜困难。

勇气是自我力量的肯定，是一种积极的人生心态，更是一种能力的推动力。勇气加智慧，可以使一个人不断地超越自己和他人。勇气意味着希望，它有助于孩子做出理智的判断，把选择付诸行动，并为之努力奋斗，这是一个成功人士所必备的素质。几乎每个孩子在成长过程中都会面临是否具备勇气和怎样具备勇气的问题，父母应该从日常生活细节中培养孩子的勇气，告诉他应该以积极的心态和进取的精神面对一切问题。

父母送给孩子最好的礼物，不是金钱和房子，而是培养他战胜一切困难的勇气和能力。当孩子遭遇挫败时，父母如果心疼不已，为孩子的挫败找理由，并小心呵护避免孩子再次遭受失败，这会使孩子不能真正了解成功的意义与失败的价值，也不能帮助他们学习如何面对失败和成功。正确的做法应是培养孩子面对失败的勇气，让他们在不断的努力和挑战中克服困难。

人的一生不可能一帆风顺，总会经历许多痛苦和挫折。孩子的成长原本就是一个不断摔倒再爬起来的过程。他们能在失败和挫折中学到知识、经验和勇气，这就是孩子战胜挫折所获得的丰厚的奖品。当困难和痛苦不以我们的意志为转移时，要不失时机地抓住机会，来锻炼孩子直面困难、大胆挑战的勇气。

斯宾塞支招DIY

爱孩子，就要赋予他们独立生存的能力和战胜困难的勇气。这样，孩子未来才能适应竞争日益激烈的现实社会，并最终成为生活的强者。

●**做孩子坚强的榜样。**父母遇到困难时，要坚强勇敢地面对，给孩子树立一个积极的正面形象，使他们感到困难没有什么可怕，是可以战胜的。

●**用典型事迹激励孩子成长。**平时多给孩子灌输一些名人或身边的人不怕困难、不怕失败，最终获取成功的故事，激励孩子鼓起面对困难的勇气。

●**让孩子用实际行动克服困难。**在日常生活中，要多给孩子一些磨炼和尝试的机会，当孩子遇到一点小困难时，最好让他自己去解决，而不是立即出手相助。父母可以和孩子一起探究困难到底出在哪里，以便找出化解困难的办法，鼓励他们自己去克服困难、历练成长。

●**多给孩子赞美和鼓励。**当孩子通过自己的努力，品尝到成功的喜悦后，父母要真诚地给予孩子表扬和鼓励，这会使他们更自信、更充满勇气地去面对未来的困难和挫折。

●**帮助孩子明确可行的目标。**目标明确，会给孩子的行动指引清晰的方向。在制订目标时，要考虑孩子的实际情况，不能超前，令孩子难以完成。目标可行，才有利于激发孩子的活动兴趣和信心。

●**勇气不是鲁莽行事。**一个真正具有勇气的人应兼具同情心和怜悯心，而不是做出一些鲁莽、缺乏理智的行为。要告诉孩子，勇气不是鲁莽，而是需要有理智的判断。

斯宾塞小语♡

勇气常常在一个人面临困难和恐惧时才出现，当然也可能在这种情况下消失。勇气是自我力量的肯定，也是自我智慧的赏识，它是一种积极的心态，也是对现实事物做出的理智的判断。它能给孩子以信心，帮他在面对困境和挫折时，勇敢地去进行挑战。

引导孩子正确地认识和评价自己

天生我材必有用，每个人都有自己的优势和生存的价值。要引导孩子正确认识和评价自己，让孩子知道普天之下，自己是唯一的，“我”的存在很重要。

故事的天空

6岁的晴晴有些不高兴地走进了家门，妈妈赶紧拉着女儿的小手，问道：“怎么了，噘着小嘴回来了？”

晴晴坐在沙发里，小声嘟哝着：“哼，这次绘画选拔我又落选了。”说完，打开自己的小书包，把自己的得意之作《小蜻蜓》拿给妈妈看。

妈妈看完女儿的作品《小蜻蜓》，欣喜地说：“宝贝儿，你真的很了不起哦，第一次画小蜻蜓就画得这么好。”

晴晴垂头丧气地说：“可我还是没有被选上！”

妈妈把话题转移到这次选拔赛上，问：“除了美术，还有哪些科目没有开始选拔呀？”

晴晴不再生气了，扳着手指头数道：“舞蹈、合唱。”

妈妈欣喜地说：“那好呀，你的歌唱得好，可以参加合唱嘛。”

晴晴觉得合唱不好，混在大队人里边，显示不出自己来，领唱还差不多。

妈妈搂着女儿的肩膀说："合唱需要团队精神，一个人出了差错，这个合唱就失败了。所以，大家能努力把合唱唱好，也是很不容易的。"妈妈接着启发道，"去年'六一'演出，你的一个小配角不是也演得很棒吗？"

晴晴眨着大眼睛想了一会儿，决定报名参加合唱，争取入围。

妈妈表扬道："这就对了，在生活中，每一个人都是有价值的，只有大家共同努力，这个世界才会更加美好。"

吕姐爱心课堂

角色无论大小，责任都是一样的。在生活当中，每个人都很重要。对于幼小的孩子而言，他们可能还不能理解个中的道理，这就需要父母为孩子做出正确的引导。

当小斯宾塞由于在学校上演的话剧里担任一个幕后旁白的小角色而垂头丧气时，斯宾塞诚恳地告诉他："每个人在生活中都会扮演不同的角色，不管扮演怎样的角色，我们都应该对自己的角色负责，尽心尽意地扮演好。"他认为："一个人是否高贵，不在于别人给他怎样的评价，而在于他怎样看待自己。"

随着年龄的增长，孩子慢慢萌生了自我意识。当他们进入集体生活后，会对自己在集体生活中所承担的角色感兴趣。心理上的自我认识，将会是孩子以后性格的基础之一。孩子在一生中，会扮演不同的角色，为子女、为学生、为父母、为领导、为属下等。这就需要孩子有一个自我评价和定位的问题。父母要引导孩子正确地认识和评价自己，进而自己教育自己。

孩子小，往往比较单纯，他们还处于以自我为中心的年龄阶段，这就更加需要父母来给孩子做出正确的引导。孩子凡事爱争先，是进取心强的表现，但是在分工中，是需要有红花和绿叶的区分的。父母应该常给孩子灌输这样的道理：只要存在着，就是有价值的。红花再好，也要有绿叶来陪衬，还要有根茎来作支撑，这是一个不可分割的整体。

世界上没有两片完全相同的树叶，更没有两个完全相同的人。每个人都有自己生存的价值和空间，都有别人不可替代的特点。所以，要引导孩子正确看待自己，让他们知道"我"的存在很重要，是很有价值的。今天的孩子就是明天的栋梁，父母的任务是要让一棵小树勇于面对风霜雨雪的洗礼，能耐得住寂寞，对未来充满信心，只有这样，他们在未来才能占有一席之地，做出一番事业来。

斯宾塞支招DIY

父母不仅要在生活上照顾好孩子，还要做他们思想的引路人，让孩子能够正确地认识自我，使他们知道自己的位置，知道自己该如何扮演好自己的角色。

●**给予孩子正确的评价。**孩子通过他人的评价来认识自己，他人的评价对孩子自我概念的形成和发展具有积极或消极的影响。正确的评价会让孩子认识到真实的自己，并为这个真实的自己去努力。而错误的评价不仅会给孩子造成心灵的创伤，还会给他们带来其他严重的负面影响。所以父母要给予孩子客观、准确的评价，不可褒扬过高，也不可随意贬损。这样才有利于孩子公正客观地认识自己。

●**帮助孩子发现自己的能力。**父母要积极培养孩子的自尊心和自信心，要让孩子相信，他是一个很正常，甚至是很优秀的孩子。生活中给予孩子适度宽松的独立做事的环境，并且创造各种条件让孩子去发现自己的能力，使他们在成功的体验中感受独立的快乐。

●**做最好的自己。**告诉孩子做好自己不是为了别人的夸赞，而是为了实现自己的价值。一个人不能总在别人的赞美中来成就自己，要相信自己，一如既往地做好自己的事情。

●**合理看待别人的评价。**教育孩子要合理看待别人的评价，要他学会分清正确的、有偏差的和错误的评价。正确的评价有利于自己的改进和提高，要积极接受。对于有偏差的评价，不妨接受其正确的部分。而对于完全错误的评价，则可以一笑置之，不予理睬。

●**及时纠正孩子的错误行为。**对于孩子的错误行为和思想，父母要及时予以纠正。教育孩子要虚心接受他人的意见，让自己多一些责任和担当。

斯宾塞小语

每个人在生活中都会扮演不同的角色，不管扮演怎样的角色，我们都应该对自己的角色负责，尽心尽意地扮演好。

第三章

潜能开发，在快乐中培养孩子的智力

斯宾塞认为，培养和教育孩子就是让他们的潜能得到最大限度的开发。而潜能在快乐状态下更容易被激发出来。如果让孩子长期处于不快乐的情绪状态，他的潜能发展就会大打折扣。

相信孩子的智力潜能

要坚信自己的孩子和别的孩子相比，没有智力水平的高低之分，仅仅是特点不同而已。对孩子的坚信不仅可以改变自己，还可以改变孩子。所以，父母要长久地保持这份坚信，并想办法把它变成可以实施的计划。只要改变自己对孩子的消极看法，相信孩子的能力，就可以在孩子身上看到奇迹。

——斯宾塞

阅读时间：30分钟　　受益指数：★★★★★

独具慧眼，发掘孩子的潜能和特长

父母要具有伯乐的慧眼，及时发现孩子的独特性和挖掘孩子的潜能。只要为他创造适时的平台，孩子的潜能就一定能大放异彩。

故事的天空

暑假里，当老师的妈妈终于有了闲暇时间，决定带着3岁的儿子鹏鹏，前往住在海滨城市——青岛的姐姐家待上一段时日，让宝贝儿子长长见识。

大姨家的9岁小表哥是一个天才小画家，小小的年纪就获过省级书画大赛的奖杯。鹏鹏一走进小表哥的“画室”，就迷恋上了他的画笔，总想动手摸摸。小表哥见他如此眼馋，就给了他一只彩笔和一张纸，让他一起去画海鸥。

美丽的海滨游人如织，鹏鹏跟在背着画夹的表哥后面去海边写生。他们选择人少的地方支起画夹，小表哥很快就投入到创作中去了，鹏鹏也赶紧趴在沙滩上，把白纸放在硬纸板上，有板有眼地画了起来。

看着两个孩子如此投入，姐妹俩就坐在礁石上聊天。

整整一个下午过去了，夕阳即将西下时，小表哥也完成了最后一笔。当他准备收拾画夹时，才想起小表弟来。回头看去，才发现小表弟还趴在那里乱涂呢。他拿起鹏鹏的作品端详了一阵子，不觉哈哈大笑起来，原来那纸上画满了翅膀，就是看不到一只完整的海鸥。

两个妈妈也走了过来，一起加入到品评之中。大姨觉得鹏鹏很棒，第一次拿起画笔就能画出形状来，实属不易。

鹏鹏妈妈也觉得从未拿过画笔的儿子的涂鸦有些品味，更主要的是他能很耐心、专注地去描画，实为难能可贵。

在接下来的几天中，鹏鹏不再去看海，而是和小表哥窝在他的“画室”里学画画。在小表哥的指导下，鹏鹏竟然能独立完成《海上日出》画作，尽管太阳不是很圆，颜色也不是很正，但在海水的衬托下，却有了海上日出的气势。

吕姐爱心课堂

每一个孩子都是可塑之才，之所以有的孩子表现平庸，与父母的培养与发掘有很大的关系。有的孩子有着音乐的潜在天赋，却被父母送进了美术班“深造”；有的孩子对绘画有着极大的兴趣，偏偏父母给他买一架钢琴。对于孩子来说，这种“阴差阳错”的安排，无疑是一种痛苦，他又怎么可能有兴趣、有动力去“突飞猛进”呢？

斯宾塞认为：“每个孩子都具有灵性和天赋，关键在于父母怎样去训练和引导。”他通过对小斯宾塞的教育观察发现：有些孩子在很早的时候就表现出了明显的潜能，后来却完全丧失了这方面的能力；有些孩子刚开始的时候表现得不太明显的某项潜能，经过父母正确的培养和引导，之后在这方面却得到了巨大的发展。为此，斯宾塞提醒父母：“后天的教育和自主学习对一个孩子的发展有重大影响。孩子潜能所表现的特点各不相同，表现出潜能的时间早晚和强弱也都不相同，有的孩子可以表现出多项潜能，有的孩子却不可以，但是不能根据这些来判定一个人潜能的优劣，而要看孩子以后是如何平衡地去发展。”

所谓潜能，是指具有发展某方面才能的特殊素质。每一个孩子都有自己的潜能和特长，及早挖掘孩子的兴趣特长，不但能帮助他们及早学会自立，更有利于孩子自信心的树立。潜能为孩子的智力开发奠定了良好的基础，但如果孩子没有表现潜能的环境，没有得到父母科学正确的教育和引导，孩子的天赋潜能就会被无声无息地埋没。

孩子的天赋潜能就像一座神秘的宝藏。如果这座宝藏从未被开采，将是一件非常可惜的事情。发掘孩子的潜能，并给予正确的引导，是每个父母都应该特别关注和重视的事情。如果在6岁以前，孩子的潜能被发现并得到培养，就像为他打开了一扇窗，孩子未来的世界会因此更璀璨、更明亮。

斯宾塞支招DIY

每个孩子身上或多或少都具有一些潜能，只是由于各种原因，他们的潜能所表现出来的特点各不相同。父母要在生活中多留意，耐心去发现孩子的潜能，并制订出合理的教育计划，让孩子的潜能得到更好、更充分的发展。

●**细心观察孩子的举止。**每个孩子都有闪光之处，而这闪光之处，就可能是他们天赋的体现。父母应该在日常生活中，用心观察孩子的言行举止，从中发现孩子的优势和兴趣。只有善于捕捉和发现孩子的闪光点，才能指引孩子发挥其潜能，并使其潜能最大限度地得以开发和利用。

●**在多种尝试中捕捉孩子的潜能特长。**发掘孩子的潜能不是坐等奇迹发生，应让孩子接触尽可能多的领域，如音乐、绘画、体育等，使他们能从众多选择中得出自己的喜好和特长。如果不给孩子提供发挥潜能的环境，即便孩子拥有某种天赋，也会因没有适宜的土壤而“夭折”。

●**为孩子创造表现潜能的机会。**发现孩子的潜能后，还应不失时机地为他们创造表现的机会，给孩子展现自己、锻炼自己的空间。如借助各种必要的道具，通过游戏、活动等丰富多彩的形式，不断地激发孩子的潜能。让孩子亲自去体验、去实施，使他们不断地丰富经验、树立信心。

●**急于求成心理要不得。**孩子的发展是循序渐进的，不可能一蹴而就，需要一定的积累与储备。如孩子画画，一次不成，就多给他们时间去练习，千万不要急躁地用“你真笨”等否定字眼给孩子定性，而应给他们时间去体味、去领会、去揣摩。

●**必要的激励和赏识不可少。**每个孩子都渴望自己能得到肯定和赏识，这是他们不断前行的不竭动力。所以，在孩子努力去实践、去尝试时，要多给他们一些鼓励与赞许。

●**不要限制和否定孩子的潜能。**即使孩子所表现出来的潜能不为父母所喜欢，也不要彻底否定或限制它，而是应给予孩子尊重，允许孩子有这方面的爱好。

后天的教育和自主学习对一个孩子的发展有重大影响。孩子潜能所表现的特点各不相同，表现出潜能的时间早晚和强弱也都不相同，有的孩子可以表现出多项潜能，有的孩子却不可以，但是不能根据这些来判定一个人潜能的优劣，而要看孩子以后是如何平衡地去发展。

爸妈私房话

智力培养，拒绝惩罚和暴力

自在、安适的情绪更容易使孩子接受新知识。在智力培养上，惩罚和暴力非但不能对孩子起到应有的作用，反而会使教育效果与父母的初衷背道而驰。

故事的天空

在公园里的一角，4岁的尧尧站在妈妈面前垂首不语，一脸的惭愧之色。

妈妈坐在长椅上，把手里的书翻得哗哗响，说："你怎么这么笨呢？四句唐诗都背不好，多简单的事情啊！"

尧尧把头垂得更低了。

妈妈用手托起她的小下巴，命令道："再给你一次机会，十分钟内把这首诗背全，否则今天晚饭就没有了。"说完，起身去不远处的湖边散步去了。

尧尧乖乖地站在那里嘟嘟囔囔地背着唐诗。

邻居于阿姨走了过来，看见小家伙一个人费劲儿地嘟囔着，摸摸她的小脑袋问："妈妈呢？怎么把你一个人丢在这儿不管了？"

小家伙无声地用小手指着湖边散步的妈妈，又开始了自己的"功课"。

于阿姨走过去，对尧尧妈妈说："这小家伙可真行，蛮用功的。”

尧尧妈妈连连摆着手说：“别提她了，真是让我上火，一首唐诗背了大半天还是磕磕巴巴的。”

于阿姨说：“你这态度就不对了，对小孩子可不能随便要态度，更不能随便处罚或打骂，搞不好会让孩子变得不聪明哦！”

尧尧妈妈不相信地说：“严厉管教还能让孩子变笨？”

于阿姨说：“对孩子使用过激的语言或惩罚，孩子心中会充满恐惧和伤心，头脑一片空白，他哪还有心思去集中精力学习？”

尧尧妈妈想了想，觉得于阿姨说得有道理，看来是自己的教育方法有问题。

吕姐爱心课堂

“你真是太笨了，这么简单的题都不会做！”“背不会这首唐诗，你就休想出去玩！”“看人家希希比你聪明多了!”生活中，这样严厉批评和指责孩子的场景比比皆是。在父母的厉声指责甚至打骂动粗中，孩子非但没有如父母所愿，变得聪明和用功起来，反而只会睁着一双惊恐的眼睛看着地上或者空洞地盯着书本，一副不知所措的样子。

父母这样对孩子，无非是希望通过训斥与惩罚让他们集中注意力，使他们的心思专注于正在做的事情上面。可是结果却往往不尽如人意，过激的语言或打击会使孩子内心产生恐惧。心慌意乱的孩子哪还会有心思去想别的事情?

斯宾塞不赞成采用惩罚和暴力手段教育孩子，他认为：“惩罚和粗暴不会对孩子的教育产生什么有益效果，或许在涉及一些道德、伦理方面的问题时，惩罚能起到一些作用，但是在孩子的智力培养上，惩罚的作用却是相反的。”当孩子受到父母的责罚时，他们根本不会有心情去学习，而是把注意力放到父母的表情上，心里在暗暗合计着自己会不会受到更大的“责难”。这肯定是父母不想要的结果，可事实确实如此。

如果父母经常训斥和惩罚孩子，会让孩子觉得他们是可怕的人。只要父母一出现，孩子就会紧张不安，也就不可能达到任何的教育目的。尤其是在孩子的智力培养上，惩罚的反作用是很大的。正确的方法是要经常表露出亲切和善意，这种情绪才能够激励孩子，使孩子乐于听从父母的引导。只有在自在、安适的情绪下，孩子才有心情接受新知识，也才能有空间去容纳新事物。

在开启孩子智力的时候，父母不要总是对他们实施训斥和惩罚，应该给他们创设一个宽松和谐的环境，要让孩子感受到你的爱。在快乐中去学习，这样效果会更好。

斯宾塞支招DIY

爱孩子，就要给他春天般的温暖。只有这样，他才能快乐求知和成长。父母一定要收起严肃的面孔，换上友善的表情，和孩子一起快乐地学习和生活。

●不要随便惩罚孩子。在智力培养上，父母一定要知道训斥和恐吓对孩子智力的发展没有任何好处。所以，不要因智力和学习问题斥责和惩罚孩子，这样做的后果只能让孩子反应更加迟钝，甚至会导致他们产生厌学情绪。

●寻找适合孩子的启智方法。不管什么样的孩子，都有比惩罚和暴力更为有效的开启智力的方法。父母要做的不是惩罚，而是努力寻找适合自己孩子的教育和启智方法。唯有这样，才能使孩子的智力得到更好的发展，也才能达到良好的教育效果。

●营造快乐的学习氛围。只有在舒适、快乐、自由自在的情绪中，孩子才能更有效地汲取新知识，所以，应为孩子营造一个快乐自在的学习氛围，让他们在轻松、愉悦的心境中开发智力潜能。

●爱和鼓励具有推动作用。爱，才是真正的推动力。父母应和孩子多沟通，建立起亲密的亲子关系。只有这样，他们才乐于接受父母的指导，积极配合父母来完成教育任务。

●不要以成人的标准要求孩子。许多父母之所以批评或责罚孩子，是因为他们总是按照成人的标准去要求孩子。孩子的智力和能力发展是一个循序渐进的过程，且每个孩子的生长发育存在个体差异，父母不能过早地要求孩子做违反他们自然发育进程的事情，这会使孩子丧失信心，产生挫败感。应给予孩子理解和宽容，给予孩子成长的时间，耐心地等待孩子的点滴进步。

斯宾塞小语♡

在孩子的智力培养上，惩罚的反作用是很大的。正确的方法是要经常表露出亲切和善意，这种情绪才能够激励孩子，使孩子乐于听从父母的引导。只有在自在、安适的情绪下，孩子才有心情接受新知识，也才能有空间去容纳新事物。

遵循孩子的心智成长规律

如同自然界的普遍规律一样，孩子的心智发展也是一个循序渐进的过程，从最初的单一、渺小、稀少到后来的复杂、庞大、繁多，由开始的局部发展成整体，从具体过渡到抽象。也就是说，能力的自然发展是在一定顺序下进行的，每个阶段的能力都需要由不同的知识来引导。

——斯宾塞

阅读时间：25分钟　　受益指数：★★★★★

快乐的，就是最好的

检验教育培养的效果，应该遵循这样一个标准：看看这种教育是不是能使孩子感到愉快，是不是能激起他的兴趣。唯有那些能给孩子带来愉悦和快乐的教育才是健康的，而使他们感觉痛苦的活动，则往往是不适宜或给他们带来伤害的。

故事的天空

在公园的长椅上，5岁的堂堂把捡到的各色广告纸摊在椅子上，兴致勃勃地叠起了纸飞机。堂堂妈妈坐在长椅上欣赏着风景，身边放着水壶，随时为宝贝儿子提供凉白开。

在游人中，堂堂妈妈的同事马晓丽牵着4岁的女儿小秀走了过来。她对堂堂妈妈这种放羊式的教育方法表示怀疑，认为让孩子自己玩耍，而父母不从中进行指导，安排他去学习，无疑是在浪费宝贵的时间。

堂堂妈妈请马晓丽坐下说："快乐应该是孩子生活的主旨，只有他们身心愉悦，才能对学习有兴趣。"

马晓丽拿自己的女儿做例证，说小秀已经能背出二十多首唐诗了，还能讲好多寓言故事。她认为这都是孩子把主要精力用到学习上的缘故。

堂堂妈妈把马晓丽的女儿小秀抱在怀里问："喜欢玩吗？"

小秀点点头，看妈妈在看着自己，又摇摇头。

堂堂妈妈看得出来，这是一个乖巧听话的女孩子。同时，从小秀看埋头折叠纸飞机的堂堂的眼神里可以看出，小秀很是羡慕。

堂堂妈妈没有直接对马晓丽道出自己的观点，而是和她一起回忆童年往事，当马晓丽沉浸在幸福的回忆中时，才说："当年我们是那么的爱玩儿，而今天却剥夺自己孩子的快乐时间，他们真的感到幸福吗？"

马晓丽不住地抚摸着女儿的头，对仰起脸来看妈妈的女儿有些歉意地笑笑，说："去吧，和哥哥一起玩儿，想玩多久都没有关系。"

小秀兴奋地跳了起来，嘴里哦哦地欢呼着，撵着堂堂去玩耍了。他们一起折叠纸飞机，一起放飞那些花花绿绿的纸飞机，简直就像是出了樊笼的小鸟获得自由一样，要多快活有多快活。

吕姐爱心课堂

快乐应该贯穿于孩子的每一天，只有孩子喜欢，他们才有可能产生兴趣和动力。马晓丽对孩子的约束过多，虽然把孩子调教成了乖乖女，但是孩子的内心却是不快乐的。即便安静地坐在那里学习，也多半是迫于无奈，学习的效率自然会大打折扣。

孩子的成长过程就是一个学习的过程，他们听、看、摸、尝等举动，就是在认知这个世界。对这一时期的孩子来说，快乐才是他们生活的主题，父母应该给孩子充分的自由选择的权利，不要过多限制孩子。有的父母认为游戏是无聊的，而识字、认卡片、背唐诗等才算是正途。这是教育的误区，只要孩子喜欢的，就是他们成长的需要，也是学习的目的。所以，快乐才是孩子真正的动力。

斯宾塞认为："孩子喜欢的活动大多是对他有益的，他喜欢学某种知识，意味着他的心智完全可以吸收它；相反，他讨厌的活动大多是对他有害的，至于他不喜欢学的那种知识，则证明那种知识就他现在的年龄去学习还为时过早，或者这种知识提出的方法并不恰当。"事实正是如此，强迫孩子去学不符合他们生理发育进程的，或是他们不感兴趣的知识，对孩子简直就是一种酷刑，因为这时他们还胜任不了，自然也不喜欢去学。

目前，父母最应该做的是，让孩子在早期教育中体会到快乐，使一切教育都充满乐趣。在游戏中学习，在学习中游戏，应该是孩子的生活主旋律。要根据孩子的生理发育，来进行符合本阶段成长规律的教育，拔苗助长不利于孩子的身心健康，甚至会伤害到孩子学习的积极性。

能够使孩子感到愉快、能激起他们兴趣的教育就是最好的教育。孩子如果对某种教育不感兴趣，甚至出现厌烦情绪，就必须当机立断地舍弃掉，而不是一味让孩子去适应。

斯宾塞支招DIY

兴趣是最好的老师，对于喜欢做的事情，孩子们自然会快乐地沉浸其中。父母应该从孩子的角度出发，遵循他们的心智成长规律，让他们在自己生理节奏和发育进程的支配下，不断提高和完善他们的心智发展水平。

●**把孩子的快乐放在第一位。**无论让孩子学什么，都不要忘记把他们的快乐放在首位。只有快乐的，才是对孩子最有益的。即便他是在忘我地玩泥巴，也不要去阻止。因为他们在捏、拍、抓、摔的过程中，体验着快乐，锻炼着手指的灵活性，感觉着泥巴带来的质感，这都能促进孩子的智力发育。

●**不要强迫孩子做不喜欢的事。**孩子有自己的兴趣和爱好，父母不要看着别人家的孩子学这学那，或从自己的兴趣出发，让孩子学习一些超出他们年龄或不感兴趣的知识。这样他们非但做不好，还会产生不良的情绪，结果对于自己喜欢干的事情也没有兴趣了。

●**尊重孩子的天性。**符合孩子天性发展的活动，才能给他们带来愉悦的情绪，也是最适合他们身心发展、对他们最有帮助的。如在孩子对数字排序感兴趣的时候，和他们玩一些数学游戏，他们就会非常乐于接受，也会很快"入戏"。

●**用正确的方法引导孩子。**孩子学习任何知识和事物，都要本着轻松、愉悦的原则，在自然而然的状态下进行，不能刻意地强求孩子，这不但能使潜能被更好地激发出来，学习兴趣也会得到极大提高。父母要正确引导孩子，如当孩子喜欢看蚂蚁搬家时，可以讲讲蚂蚁的有关知识，孩子自然不会排斥。

趋利避害是人的本能，对于孩子也同样适用。他们愿意做的事，往往正是需要做的事；他们厌恶的事情，往往说明现在还不是时机，或者做的方法不正确。为了保证孩子的健康发展，应该让教育从孩子快乐与强烈的兴趣出发，并与开发智商结合起来，做令他们感到愉快的事。

爸妈私房话

自我教育，推动孩子成长的力量

自我教育所获得的知识，会在孩子记忆里留下深刻的印象，围绕获得这些知识所有的细节，都会成为孩子最鲜活和最深刻的人生经验。

故事的天空

6岁的超超跟随父母回乡间老家度假，质朴的山村和纯净的田园令城里来的超超欢喜不已。

金秋时节，正是收获的季节，小院里堆放着刚刚收获的玉米，摊晒着新打下的谷子，超超玩了一会儿扬谷粒的游戏后，发现在墙根下放着一辆独轮手推车。这是一件有着几十年历史的老古董了，车轮都是木头做的。超超牵着爸爸的手，要求坐一回独轮车。农村出来的爸爸当然会推车，只是没有以前那么熟练而已。

超超感受完坐独轮车后，下到地上，围着车子转来转去，用手摸摸，动脚踢踢，开始把注意力都放到研究这辆独轮车上去了。就连奶奶端来的蜂蜜水都不肯喝一口。

超超妈妈知道宝贝儿子的“毛病”，赶紧劝婆婆回屋去，留下超超一个人去研究。奶奶心疼孙子，还有那么多好吃的没端给孙子呢！

超超对手推独轮车进行一

番研究后发现，车轮竟是木头做的，而不是轮胎。他把爸爸喊过来问：“车轮不用打气吗？”因为他经常帮爸爸给家里的电动车打气，印象比较深。

爸爸用脚踢踢车轮说：“没有内胎，当然不用打气了。”

超超伸出小手摸着木轮说：“也没有外胎哦。”

爸爸拉起蹲在地上的儿子说：“走吧，还有许多好玩的地方呢！”

超超却不为所动，依旧蹲在那里，他要仔细研究一番独轮车的构造。

爸爸知道，这小子一时半晌“研究”不完，为了不打扰儿子的这股子钻研劲儿，只好回屋里去。

吕姐爱心课堂

孩子都有自我教育的本领，他们专注某一事物时，其实就是一个自我学习的过程。所以，父母应该尽量鼓励孩子自我发展、自我学习，为他们创设相应的环境，如不去打扰正在做事情的孩子，引导孩子自己去进行研究、自己去推论。这种从自我教育中得到的知识，更容易让孩子记牢和掌握。

斯宾塞认为：“从人类获取知识的方式看，最主要的获取方式是自我教育，而且取得了最好的效果，孩子的知识获取与能力培养也应参照这一方式。”在传统的教育方法中，灌输起着主导的作用，父母很少给孩子自己探索的时间和空间。看到孩子动手触摸某物体，父母会以脏或危险为由，迅速制止或把孩子拖走，尽管孩子恋恋不舍地一步三回头，在父母的强行牵扯下，也只得很无奈地放弃。

斯宾塞在小斯宾塞很小的时候就开始培养他自我学习的能力。对于小家伙提出的“为什么燕子在春天飞来，深秋的时候又飞走？”“为什么太阳白天升起，黄昏又落下？”“为什么夏天下雨而冬天下雪？”等问题，他从来不简单地告诉他答案，但会给他指出找到答案的途径。结果，小斯宾塞对自己弄懂的问题印象非常深刻。

孩子通过自己努力得来的任何一项知识，自己解决的任何一个问题，由于是他自己通过复杂的心智和意志活动所得，也就永远归他所有。这一过程是很复杂的，需要心智准备、思维的集中，还有成功的喜悦。尽管在这个过程中，他会经历失败和挫折，但由于在整个过程中，他的思维都全程参与，一旦获得正确的知识时，他就会牢牢地记住。

在孩子的成长发育过程中，他们所获取的知识和本领多数是靠自我学习获取的。从咿呀学语，到能说很多话，从自行翻身，到能跑会跳，哪一个不是通过自己的不断努力学来的？所以，不要剥夺孩子自我教育的空间，应给他们提供更广泛接触事物的机会，让他们去研究、去探索。这样得出的知识才能更容易转化成为可以运用的能力。

斯宾塞支招DIY

孩子早期的智力培养，应该是自助学习和快乐教育相结合的过程。在这个过程中，应以培养孩子的自我教育能力为核心。让孩子养成自我教育的好习惯，会使他终身受益，在他今后的人生中，这种习惯会转化为自我奋进的动力。

● **尊重孩子的兴趣。**兴趣是最好的老师，没有什么比兴趣更能让孩子甘愿吃苦受累。父母不要对孩子五花八门的兴趣人为设阻，只要孩子喜欢做，就要支持他们，每一种令他们感兴趣的事情都能促进他们的认知和发展。

● **为孩子提供自我教育的工具。**孩子做事情时，需要为他们提供一些能进行自我教育的工具、材料、书籍，这样孩子才能通过亲手操作和尝试，来丰富自己的探索渠道。如孩子对小动物很有兴趣，父母不妨为他领养一只小动物，并给他提供喂养所需要的物品和书籍，让孩子通过饲养、观察、照顾，了解小动物的生长发育、生活习性、产卵繁殖等。这远比向孩子硬性灌输得来的知识深刻得多。

● **让孩子参加一些兴趣小组活动。**让孩子和一些志趣相投的小朋友组成活动小组，或去少年宫参加一些兴趣小组，这样孩子们可以相互激励、交流。父母可以帮助孩子定期举行一些聚会或展出、野外活动等，使他们有更多的参与机会。

● **在生活自理中培养孩子的自我教育能力。**一般来说，一个人的生活自理能力与他的自我教育能力相辅相成，自理能力较差的人，其自我教育能力也会比较差。自我教育也包括自我生存能力的获取。所以，当孩子到了有一定自理能力的年龄，应让他学会料理自己的生活，以锻炼其生存能力。

● **让孩子独立完成一些与生活有关的事。**生活中要多给孩子独立做事、独立选择的机会，让他们独立完成一些与生活有关的事情。如让孩子当几天家，让他们选择买什么东西、如何安排全家一天的伙食，外出旅行时让孩子决定带什么东西、在哪里吃饭、花多少钱，等等，孩子会在积极参与的过程中学到许多经验。

斯宾塞小语

在自我教育方面，我认为，应该尽量鼓励孩子自我发展，引导孩子自己去发现、去探讨、去推论，给他讲的应该尽量少些，而引导他自己去发现的应该尽量多些。如果说父母给孩子躯体是给了他第一个生命，那么培养他的自我教育能力，则是给了他第二个生命。这是比其他任何财富都要宝贵得多的礼物。

实物教育，给孩子更多实践和体验机会

生活中到处都是开发孩子大脑的教具，关键是父母需要做一个有心人，采用灵活的办法向孩子传授知识。

 故事的天空

2岁的尊尊对爸爸买的小闹钟一直爱不释手，她对表盘上跳动的秒针很感兴趣，总是喜欢拿在手中看那红色的秒针欢快地一秒一秒移动，还把小耳朵贴在上面，听滴答滴答的响声。在妈妈的教授下，尊尊知道了秒针、时针、分针，还懂得了那个跳得最快的红色秒针跑一圈就是一分钟。

尊尊的父母比较注重利用实物来教育孩子。他们知道，小孩子很难坐下来看识字或识物卡片，而是对实物比较感兴趣。实物在生活当中到处都有，于是充分利用各种实物，锻炼孩子的认知学习能力。

爸爸从市场上买回来几种好吃的水果，妈妈赶紧把尊尊叫过来，指着水果让她辨认，不仅要她说出名称，还让她拿起来放在手里感觉一下轻重，闻闻气味。把苹果洗净切开，借机教尊尊数一数有几粒苹果

籽，最后尊尊才吃到香甜的苹果。

这时，邻居已经有六个多月身孕的李梅挺着鼓起的肚子来串门，看到这一幕，觉得尊尊妈妈有些多此一举，一个苹果给孩子吃就行了，还搞得这么烦琐，这么小的孩子能记住什么?

尊尊妈妈笑着说："话不能这样说，孩子正处于认识事物的关键期，通过这样一种实物教育的方法，她不仅认识了苹果，品尝到了味道，还观察到苹果外观以及内部构造，同时还学到了数学知识，可谓一举多得呢！"

李梅一吐舌头，说："没想到实物教育有这么多好处。"

尊尊妈妈说："你就快要当妈妈了，以后可要多充电哦！"

吕姐爱心课堂

让孩子规规矩矩地坐在书桌前啃书本，和让他们采集鲜花、收集贝壳比起来，哪个更有趣？也许孩子对在小黑板前计算一加二毫无兴致，可如果带他一起去动物园数小猴，他一定会非常专注。对于孩子来说，实物教育永远都是最有效的。

实物是最好的教具，孩子通过实物来认知这个世界，会记得更牢固。我们身边的所有实物都是可以利用的，如家中的物品以及室外的各种建筑、田野、树丛、山川、江河湖海等。

对此，斯宾塞深有感触，他说："我们要遵照自然的指引，让孩子从实物中获得知识。毕竟，没有什么比采集不同的花卉、观察各样昆虫、收集漂亮石头、寻找新奇贝壳更能令孩子感到愉快了。我认为，无论是婴幼儿，还是稍大一些的孩子和青年；不管是在家里、课堂上，甚至更大的范围，实物教育都应该受到重视。"

所以，父母不要把过多的时间用在让孩子去认知书本上的知识上。书上的文字是抽象的，父母讲给孩子听的内容也是抽象的，远没有让孩子站在实物面前更令他们感兴趣，与其告诉他一朵花是红的，倒不如引导他自己去观察这朵花究竟是什么样的。在这个过程中，孩子学习到的知识会更加丰富。

年龄越小的孩子，在教育上越要讲究"直观性"。即当孩子认识事物时，父母要借助实物、图片、模型、标本或身体动作等具体形象的媒介来帮助孩子学习。这样不仅能够激发孩子学习的兴趣，而且能够使其加深对知识的理解和记忆。

要想让孩子真正掌握知识，就要尽量给他提供实物，让他在体验和实践的基础上学习。如果学习脱离了自我体验和实践，就像是离开了轨道的火车或是没有轮胎的汽车，将会寸步难行。许多父母喜欢向孩子灌输知识，但在这种教育方式下，即便孩子取得了优异成绩，往往也难以得到真正的知识。所以，应该尽可能地运用实物，为孩子提供更多自我体验和实践的机会。

斯宾塞支招DIY

实物是最直观和便捷的教具，父母要为孩子创设认知事物的环境，利用身边的各种实物，对孩子实施“教学”。

●**循序渐进的原则。**父母要根据孩子的认知能力，为他们提供相应的实物，先让孩子去熟悉一些事物的简单特性，然后再引导他去展开复杂多面的观察，如教孩子认知一朵花，先让他认知花瓣的颜色、数目、形状，接下来是茎、叶的形状、颜色等特点。

●**为孩子提供一些安全的小工具。**为了让孩子探寻得更加透彻、详细，可以给他们提供一些安全的小工具，如在孩子玩沙时给他一把小铁锹、小桶，采集植物标本时，为他提供采集袋、标本夹等。这样孩子即便在游玩，也是有意义的。

●**用实物教孩子学分类。**通过实物认知，可以培养孩子的分类能力。如买回来的食品，可以让孩子看一看，告诉他这是蔬菜，那是水果，继而告诉他们各种食物的特点，然后将几种食物混合起来，让孩子根据物品的种类、颜色、口味、用途、形状等进行分类。

●**用实物教孩子认知图形。**认知形状的课堂无处不在， 如碗、盘是圆形的，门、窗是长方形的，餐桌是正方形的。就连孩子吃的零食也是有各种各样形状的，方形的蛋糕、五角形的饼干、圆形的葡萄、圆锥形的甜筒等。

●**用实物培养孩子的空间认知能力。**吃饭时，要求孩子帮妈妈把碗和筷子放在桌子上；穿衣服时，问孩子衬衣应该穿在背心的里面还是外面；让孩子坐在椅子上，感受一下桌子和椅子哪个高、哪个矮；排队买东西时，让孩子数数第几个是妈妈；等等。

●**到大自然中去。**大自然是一本立体的百科全书，在那里可以让孩子认识各种植物和动物，学到许多新鲜有趣的知识，如让他寻找从没有见过的野草和野花，或者通过树的叶子，让孩子从局部认识整体，进一步区分各种不同形象物体的不同点和相似点等。

斯宾塞小语♡

我们要遵照自然的指引，让孩子从实物中获得知识。毕竟，没有什么比采集不同的花卉、观察各样昆虫、收集漂亮石头、寻找新奇贝壳更能令孩子感到愉快了。我认为，无论是婴幼儿，还是稍大一些的孩子和青年；不管是在家里、课堂上，甚至更大的范围，实物教育都应该受到重视。

绘画，快乐又益智的早教游戏

绘画对发展孩子的观察力、想象力和创造力都有良好的推动促进作用。所以，父母对孩子的涂鸦要给予支持，并为他们创造必要的条件。

 故事的天空

4岁的风风正挥笔在纸上画着心中的太阳，她用一只淡绿色的笔在不规则的圆圈上涂抹着。当她感到很满意的时候，便拿着自己的“大作”送到客厅里，给妈妈和来客张阿姨看。

张阿姨看见从阳台上跑进来的风风，忍不住扑哧一声笑了出来，她看见小家伙脸上有红的、蓝的水彩笔画痕，便打趣道：“呵，从哪里跑来一只小花脸猫啊！”

妈妈笑着说：“还不都是自己手忙脚乱弄上去的。”然后接过女儿的大作欣赏起来，边看边说：“好，画得不错。”

看到风风妈妈如此赞许着女儿，张阿姨也凑过看了一眼，对站在一旁等着妈妈点评的风风说：“宝贝，太阳应该是红色才对，怎么能用绿色画太阳呢？”

风风妈妈说：“画成绿色的也可以，说明风风的想象力

丰富嘛，没准儿在别的行星上，太阳就是绿色的呢！”

风风高兴得又跑到阳台上去画画了。

张阿姨笑着对风风妈妈说：“你可真会哄孩子开心，哪有绿太阳啊！”

风风妈妈说：“只要孩子愿意画、喜欢画就好，让孩子绘画的目的不仅是像不像的问题，关键是可以发展想象力、创造力，对大脑开发有好处。等她大了，自然会知道太阳是什么颜色的。”

张阿姨佩服地点点头，说：“是啊，很有道理。看来，我是落伍了。我儿子小的时候可没有风风这样快乐，我总是逼他学这学那的。”

吕姐爱心课堂

当孩子的小手能够抓笔握笔时，他们就开始有意识或无意识地写画。涂鸦是绘画的初始阶段，是每一个孩子都经历过的事情。

生活中，我们常常见到一些2～3岁的小孩子，对绘画充满了兴趣，他们拿着能够接触到的任何工具，不管是铅笔、蜡笔、粉笔还是钢笔，在墙上、桌上、门扇上、地板上恣意涂画，常常是一边画，一边玩，画出乱七八糟的线条，好像自己是一个真正的画家一样，兴奋之情溢于言表。

斯宾塞非常重视孩子绘画能力的培养，他认为：“绘画，是智力教育的一部分，特别是在孩子的早期教育中。而且，由于绘画几乎完全是由孩子自己完成的，因此也是一个快乐的自我教育的过程。”是的，绘画是一项手、眼、脑紧密配合的活动，不仅可以锻炼孩子小手的灵活性和协调性，更有利于发展孩子各方面的能力，如观察力、想象力、创造力及思维能力等。孩子会通过自己的观察去了解事物，然后用自己的方式画出来，这对于开发孩子大脑右半球的功能大有益处。

绘画是孩子早期教育中很重要的一部分，鼓励孩子涂鸦，目的并不是要培养他成为画家，而是为了引导孩子在各方面都做更多的尝试，让他对绘画充满兴趣和热情，因此孩子学习画画的过程就是游戏的过程。当然，如果在这个过程中，对孩子进行有意识的引导，科学地对他的绘画能力进行培养，不仅对于他自身各项能力的发展大有好处，还可以使孩子的绘画之路长久又精彩。

斯宾塞支招DIY

孩子喜欢四处“作画”，没有比这更让父母兴奋的事了。不妨利用他们的积极性来培养孩子的艺术感觉，说不定真的就培养出一个绘画大师呢！成不了艺术大师也不要紧，鼓励和培养这种兴趣对孩子都是有益的。

●**不要教孩子画形状。**教孩子绘画，一定不要让他从学画形状开始，这会使孩子的思维受限，并且还会使孩子错误地认为，只有画得像或画出像模像样的东西才是好作品。在这种教育模式下，孩子绘画的技巧可能会不断提高，但想象力和创造性却越来越贫乏。

●**让孩子随心所欲地画。**涂鸦是一种创造能力的发挥，父母没必要对孩子要求得太多，如让孩子坐在书桌前规规矩矩作画，或指定孩子画什么物品，这会对孩子的创造力起到很大的约束作用。不妨让孩子随意去画，看到什么画什么，想画什么画什么，只有这样，孩子的绘画潜能才能被最大限度地激发出来。

●**提供足够的绘画工具和场所。**为了不让孩子随意在墙壁、家具、门窗上乱画，可以在家里的阳台上为孩子准备涂鸦墙或涂鸦板，准备好彩笔、蜡笔、水粉、彩铅等，供孩子即兴作画。孩子在这种环境下，有利于将兴趣转化为习惯，这样他就能经常安静地坐下来写写画画，便于养成独立思考、构思的好习惯。

●**用多种绘画形式来激发孩子兴趣。**除了涂鸦，还可以引导孩子练习棉签画、吹画、水彩画等。此外，一些手工与绘画相结合的形式也会激发孩子的兴趣，如他们在捏泥、折纸、粘贴等活动中获得的对物体的感知，有助于他们在绘画时表现此物体。

●**对孩子的涂鸦给予积极地回应和引导。**当孩子兴致勃勃作画时，父母可以请孩子讲述一下他的作品，鼓励他说出究竟画了些什么，以帮助孩子把涂鸦的积极性保持下来，且对于孩子的想象力、语言表达能力也十分有益。即便想要给予孩子指导，也要注意方式方法，不能伤害孩子的自尊，挫伤孩子的积极性。

●**让孩子学会观察环境、体验生活。**父母可根据本地的环境、季节变化来引导孩子观察环境、体验生活。最好多到大自然中走一走、看一看，激发孩子的灵感，让孩子有更多的观察对象，丰富他的创作“素材”。

●**把孩子的涂鸦活动变成一种有趣的游戏。**对孩子来说，涂鸦更多是一种游戏，而不是一种学习的方式。只要孩子快乐，涂鸦就是一种很好的“教育”。父母要多关注过程，而非结果。

斯宾塞小语

绘画是早期教育中很重要的一部分，父母对孩子绘画能力的培养，对于孩子自身各项能力的发展大有好处。然而，教孩子画画也要讲究恰当的方法，遵循符合儿童心智特点的教学次第，否则有可能断送一个绘画天赋极高的孩子的前途。

第四章

寓教于乐，和孩子一起快乐学习

学习不是苦差事，人生来就具有学习的天性。之所以许多孩子对学习感到厌烦，皆是错误的教育方法所致。斯宾塞认为，教育应当是快乐的，孩子只有在安闲、自在、快乐的氛围中，才会很轻松地学习和掌握知识。

有趣的家庭教具，孩子在快乐中求知

根据孩子的特点来设计一些家庭教具，可以起到事半功倍的教育效果。孩子在充满乐趣中，不知不觉地就接受了新的知识，而且会有很深的印象。

——斯宾塞

阅读时间：25分钟　　受益指数：★★★★★

12张问题卡片，开启孩子心灵之窗的钥匙

孩子的内心世界就像一个藏满秘密的小盒子。只有读解他们的小心思，走进他们的内心世界，才能帮助他们及时排解心中的困惑与不适。

故事的天空

周末的晚上，5岁的灵灵等妈妈在厨房收拾完撤下的餐具后，就跑进爸爸的书房里，把新制作的“斯宾塞纸牌”拿到父母的大床上，一家人很开心地开始做游戏。

灵灵认真地把12张背面标有阿拉伯数字的纸牌依次摆开，便催促妈妈快点掷骰子，因为妈妈掷骰子是需要灵灵回答的，她已经有点儿迫不及待地想回答问题了。

妈妈把两颗骰子抛向空中，当落在床上后，灵灵嘴里一边嘟哝着，小脑袋一边飞速运转着，“一个是3，一个是4，3加4等于7”，爸爸把7号纸牌拿出来，亮开的问题是：“讲一讲你最不快乐的事儿。”

灵灵想了想，说：“昨天，我和爸爸上街去买菜，看见一群蚂蚁在搬家，我好想看它们搬到哪里去。可是，爸爸急着赶路，拉起我的手不许停留，我就不高兴了。”说完，还向爸爸噘起小嘴，表示着自己心中的不满。

两个大人面面相觑，没想到她会因为这件事感到不高兴。为了让女儿高兴起来，妈妈赶紧掷骰子，碰巧的是，该爸爸回答的4号问题是：“你有什么需要检讨的？”

爸爸赶紧说："昨天是我不对，不该破坏灵灵的观察兴趣。"说完，还站了起来，给女儿鞠了一躬。

灵灵高兴地拍着小手，喊着："爸爸认错喽，爸爸认错喽。"

游戏过后，妈妈和爸爸都很感慨，没想到父母无意间的疏忽，竟然令孩子如此不开心。看来，今后要多从孩子的角度考虑问题了。

吕姐爱心课堂

面对孩子的教育问题，许多父母常常不知道该如何下手。因为他们不了解孩子在想些什么，在面临怎样的问题。斯宾塞认为："孩子的内心世界就像是一个藏满秘密的盒子，如果你不经常打开来看看，当有一天不经意地打开时，也许会从里面跑出一只老鼠来，吓你一大跳。"对于小斯宾塞，他也同样想知道孩子的内心世界，因为这是开始快乐教育的第一步。于是，他用玩纸牌游戏的方式巧妙地走进了孩子的内心世界。

是的，只有走进孩子的内心世界，才能和孩子分享喜怒哀乐，才可以引领孩子朝着健康正确的方向成长与发展。斯宾塞纸牌不仅仅是一种开心的游戏，也是亲子之间心灵上的沟通渠道。平时孩子不愿道出的真情，通过回答问题的形式，会一股脑儿地倾倒出来。平时经常不知道孩子心里在想些什么，如此一来，轻易让孩子打开了心扉。这样在快乐的玩耍中，就可以轻松地走进孩子的内心，了解他们内心的秘密，帮助他们解决心里的困惑和苦恼，每个父母都有必要去试试。

其实，孩子的内心世界很单纯，也容易向自己信任的人敞开心扉。之所以有些父母觉得难以与孩子沟通，是因为没有建立起亲密的亲子关系。赶快行动起来吧，和孩子一起玩斯宾塞纸牌或其他有利于亲子关系的游戏，及时发现孩子遇到的“问题”，并帮助他们及时排忧解难，孩子会很感激，亲子间的沟通也会更顺畅。

斯宾塞支招DIY

斯宾塞纸牌是一种集娱乐、教育、亲子于一体的游戏。有助于家庭成员的相互了解，营造和谐温馨的家庭氛围，是触摸孩子心灵的一种好方法。

●**纸牌的制作及玩法。**虽然斯宾塞纸牌只有12张，由于可以自己制作，纸牌不必拘泥于12张，可根据实际问题，灵活限定张数，多少不限。游戏时，可以通过掷骰子的方式，也可以通过转盘或直接轮流随机抽取等形式。只要能达到游戏目的，怎么玩儿都可以。

●**纸牌上的内容。**卡片内容要根据孩子的理解力、生活经验、教育目的不同而设定，内容可以涉及方方面面。如讲一件你觉得自己做得最好的事，讲一件你最不快乐的事，拥抱一下你喜欢的人，你最喜欢的礼物是什么，等等。

●**不同时期提出不同的问题。**问题数量和问题内容不是固定不变的，要跟随孩子的具体情况进行调整和更换，也可以根据时间来变化，最好围绕孩子的心态来设定。如孩子刚上幼儿园不太适应，可以围绕这方面的话题展开。这样，更有利于及时帮助孩子排解心中的问题。

●**遵守游戏规则。**任何一个游戏都是有规则的，父母要和孩子一样，共同遵守规则。如定好了游戏时间，就要遵守，不能因为爸爸要看球赛或妈妈要看喜欢的电视剧而失约。这样，才能帮孩子养成良好的习惯。

●**长期坚持的原则。**尽管不一定天天玩儿这种游戏，但是要长期坚持下去，如三天一次或一星期一次。因为孩子是在不断成长的，每个阶段都会有不同的问题出现。只有长期坚持这种游戏，才能更好地与孩子沟通，走进他们的内心世界。

斯宾塞小语♡

只有走进孩子的内心世界，才能和孩子分享喜怒哀乐，才可以引领孩子朝着健康正确的方向成长与发展。

美丽风铃，涌动着新鲜词汇

环境对于孩子识字是第一重要的。通过耳濡目染的环境熏陶，能让孩子增加对汉字的亲切感。良好的识字环境需要用心创造，只要父母肯下功夫，每个孩子都具有无穷的学习潜能。

故事的天空

在4岁半的闯闯的床前，挂着一串美丽的风铃，窗外一有风儿吹进来，风铃就发出悦耳的铃声。这是在他出生后不久挂上去的，当初是用作锻炼他的视觉和听觉，现在又有了新的用处。妈妈在风铃上悬挂一些识字卡片，每当儿子认牢一个字后，就换上新的生字。通过这种认字方式，小家伙认识三百多个汉字了。

走进闯闯的家里，到处都能看到识字卡片，心细的妈妈除了在风铃上悬挂识字卡片，在床头上、穿衣镜的一角、立柜的门上，都贴有设计精美的识字卡。还邀请儿子一起来设计图案，如太阳，就让闯闯用彩笔画上一轮不怎么圆的红彤彤的太阳，月亮是一个翘鼻子的卡通人物肖像。树木就是一根直直的木杆，最上面有几片树叶，连枝杈都没有。这都是闯闯的“杰作”，如此一来，他认字的积极性更高了，只要从幼儿园一回到家，就串着房间走着、看着、读着。

读大学的小姨放假来看小外甥，一进门，小家伙正双手端着一本彩绘图书大声地给父母读上面的字。

小姨给他带来的礼物可真不少，堆在茶几上犹如一座小山。闯闯高兴地翻腾着，不是选先吃哪个，而是在认读上面的字。

妈妈摸着儿子的小脑袋，对妹妹说："这孩子，简直成了认字迷了，见到有文字的东西，就认起来没完。"

小姨惊喜地看着忙着认字的小外甥，说："真没有想到，一年前他才能认识几个简单的字，现在竟能读书了！"

妈妈说："这还多亏了那串风铃，闯闯认字的兴趣还是从那儿开始的呢！"

吕姐爱心课堂

由于孩子好奇心强，爱动等特点，在培养孩子学习兴趣上，父母应该以动制动。斯宾塞采取用风铃做教具，就是一个很好的方法。在小斯宾塞的房间里，在屋后的小花园里，甚至在餐桌的上方都挂有这样的识字风铃。孩子不管走到哪里，都能看到学习的"内容"，在游戏中就把要学的内容掌握了。

在现实生活中，许多父母多采取强迫式的方法让孩子识字，结果是记住了今天学的，忘记了前一天的内容。更主要的是，对于这种强迫性质的学习方式，孩子不愿意接受，只是迫于父母的压力，不得已而为之。

斯宾塞认为："语言不需要太刻板地去学习，只需要熟悉和使用。"他利用风铃，让小斯宾塞几乎是在玩耍的过程中学习了法语、拉丁语。整个的学习过程中，没有一点点的强迫。

对于几岁的孩子来说，培养他们的学习兴趣，远比强迫他们学习一定数量的内容更实际。特别是在孩子学习语言时，形式要灵活，应给孩子创设一个学习词汇的环境，提供学习语言的教具，让他们在轻松无压力的氛围中，自然而然地学习。

当然，利用风铃只是许多种有趣的学习方法之一，父母可以利用现有的条件，为孩子设置有趣的学习环境。如在门上贴上一个门字，让孩子在认知这个字体后，还能与实物对应上，除了加深印象，还产生了联想。

3～6岁是孩子学汉字的最佳年龄段，孩子总是对周围的世界充满着好奇，风铃上不断变化的知识，无疑最能激发起孩子的好奇心，促使他们主动学习、主动探索。这就是使用语言教具的好处，往往能够调动孩子感官和大脑同时记忆，学习效果自然非常好。没必要让孩子刻意识字，尤其是死记硬背，并不利于孩子的智力开发。应该让孩子置身于有趣的学习环境中，培养他们自主学习的能力，这不仅满足了他们的成功欲，而且还能使他们在不断的“新发现”中激发创新能力。

斯宾塞支招DIY

教孩子识字，父母除了借鉴斯宾塞的风铃法，还可以结合孩子自身的特点，自己创造一些有趣的方法。只要能调动孩子的感官和大脑同时去记忆，使他们体验到识字乐趣，进而主动去识字的方法，就是好方法。

●**家具字卡。**把写着“桌”“椅”“门”“窗”“冰箱”“电视”等汉字的卡片粘贴到相应的物体上。当孩子看到家里的门、窗或是坐下来吃饭、休息、看电视时，就可以看到这些字，加深了孩子的印象。

●**水果字卡。**把写着“苹果”“橘子”“香蕉”等的字卡放到相应的水果上，当孩子准备吃水果时，自然而然会注意到上面的汉字。

●**循序渐进地学习词汇。**把字卡贴在墙上、家具上等处，刚开始可以是一些汉字，以后逐渐写些词语或很有意思的短句。隔几天更换一下字卡内容，且粘贴的高度应与孩子视线高度相符，让他们在家里的任何时候都可以抬头看见，这样孩子在不知不觉中就会学会很多汉字。

●**带孩子去大街上认字。**街头的招牌都比较艺术，容易吸引人的眼球。父母可以利用上街的机会，让孩子去认识店铺招牌、广告牌以及一些宣传标语等。

●**妈妈背上的字。**妈妈可以将某一字贴在背上，让孩子追逐妈妈，当抓到妈妈时，让孩子来认背后的字。用这种方法，可以让孩子在娱乐中学习，他的兴趣自然高。

●**爸爸手中的字。**要充分利用孩子的好奇心理，爸爸可以通过与孩子玩识字魔术，吸引孩子的注意力。如爸爸在左手上藏一张字卡，先展示给孩子看清，并教他认读。然后双手合十，迅速把字卡转移到右手中，然后张开左手让孩子看，当他发现字卡神秘地消失后，就会感到很奇怪。这时再双手合十，让卡片回到左手。在好玩的游戏中，孩子一定会非常乐意快乐识字的。

斯宾塞小语

对于几岁的孩子来说，培养他们的学习兴趣，远比强迫他们学习一定数量的内容更实际。特别是在孩子学习语言时，形式要灵活，应给孩子创设一个学习词汇的环境，提供学习语言的教具，让他们在轻松无压力的氛围中，自然而然地学习。

数字跳房，孩子轻松学数学

数学是一门抽象的学科，要靠孩子自己的思维能力来学习。巧用数学教具，会激发孩子对数学的强烈兴趣，使他们学习更轻松。

故事的天空

春日里，阳光明媚，在小区广场上，3岁的娇娇又缠着妈妈玩数字跳房游戏了，妈妈拿起粉笔开始在地上画九宫格。

娇娇妈妈刚一画完，娇娇就迫不及待地站在起点，自己嘴里边嘟哝着，边高兴地一步一步地跳着。

这好玩的游戏吸引了好几个出来散步的小朋友，这些孩子挣脱妈妈牵扯的手，跑过来看热闹。

有的妈妈问娇娇妈妈："这么小的孩子玩数学游戏，能弄懂什么呀？"

娇娇妈妈说："现在，娇娇能熟练地读写0到10的数字，10以内的加减法可以随意组合运算。"

此时，几个好奇心强的孩子乱哄哄地要求参加跳房游戏，娇娇妈妈给孩子们讲解完游戏规则，就让娇娇做现场指导，几个孩子玩得不亦乐乎。

看着孩子们热闹地玩耍

着，几个妈妈把娇娇妈妈围在中间，向她取起经来。

娇娇妈妈把自己知道的实践经验毫不保留地传授给大家，她们听后，都觉得很佩服。难怪娇娇喜欢数学，而自己的孩子对数学感到头疼，看来问题还是出在父母的身上。娇娇妈妈不只和孩子玩数字跳房游戏，还把数学贯穿于生活当中，如买西瓜让孩子参与付钱，切西瓜时让孩子数数切了几块，吃西瓜时数数吐出多少瓜子，如此一来，枯燥的数字变成了有形的东西，孩子自然在玩乐中就掌握了数字，喜欢数学了。

大家纷纷表示，一定要把数学生活化、具体化、娱乐化，让自己的孩子喜欢上数学。

吕姐爱心课堂

相比较语言或别的学科而言，数学比较抽象，大多数孩子都会对数学感到“头疼”。其实，数学在生活的方方面面都存在着。如果我们把数学生活化、形象化、趣味化，孩子就不会对数学有畏惧心理了，而会喜欢上数学。

斯宾塞说：“从生物学的角度讲，教育就是使一个小生命在身体和心智上得到不断完善，并使他适应生活事物的过程。”当初，小斯宾塞对数学反应的迟缓，曾一度使斯宾塞苦恼过，为了让小斯宾塞喜欢上数学，他就发明了“数字跳房”游戏，经常和小斯宾塞在这个“跳房”里玩游戏，不久，小斯宾塞对数学有了一个基本概念。继而“玩”会了更复杂的数学，并对数学产生浓厚的兴趣。

在生活中，许多父母对孩子的数学教育并没有提高到一定的高度，觉得数学太抽象，等孩子上了学再学数学也不晚。这是一种错误的观念。数学是需要通过孩子的思维能力来学习的，孩子对数学产生浓厚的兴趣，可以锻炼他的思维能力，有助于大脑的开发。父母应该把数学教育提到日程上来。

对于几岁的孩子来说，他们还处于形象记忆阶段，对于具体的形象具有较强的记忆能力，所以要将抽象的数字和具体形象结合起来，通过“数形结合”的方式，让孩子在游戏中学习数学。要想让孩子对数学产生兴趣，父母可以利用身边的具体生活来做“教具”，如吃西瓜时，让孩子数数吐出的瓜子；和妈妈各抓一把豆子，数数看谁的多；等等。其实数学就在身边，只是看父母是否会充分利用。

让孩子学习数学的目的，不是简单地让他们会数数、会加减运算，而是培养孩子的逻辑思维能力。通过积木、骰子、七巧板或是生活教具来引导孩子进行数学学习，比传统的数学学习方式更适合孩子该年龄段的个性特征。只有让孩子通过动手操作、摆弄，他们才能逐步体验抽象的“数学概念”，获得数学感知和经验，并对抽象的数学产生兴趣。

斯宾塞支招DIY

数学看似枯燥，只要充分利用好教具，让孩子在快乐的游戏氛围中走进神秘的数学王国，孩子就会在“玩”的同时，爱上数学，并对数学产生浓厚的兴趣。

●**数字跳房。**在地上画一个九宫格，分别将1～9这9个数字填到格子里，然后就可以和孩子在这个九宫格里玩游戏了。如妈妈数5，孩子就从1跳到5；数7，孩子就跳7步，不久孩子就会对数字有一个基本的概念。待孩子熟悉了这些数字后，还可以和孩子进行一些加减运算，如妈妈说1＋2，让孩子计算，结果是几他就跳几步。孩子在蹦蹦跳跳中，既学习了数学，又锻炼了身体、愉悦了身心，可谓一举多得。

●**骰子比大小。**许多人认为骰子是一种赌具，殊不知，却是引导孩子学数学的好教具。一只骰子上有1～6点数，几只组合起来就有许多数字了。骰子玩法有很多，如可以让孩子练习数数，或者和孩子一起掷骰子，妈妈先掷出一个数字，把它写在纸上，然后让孩子再掷一个数字，也写在纸上。让孩子比较两个数字的大小，以此决定输赢。

●**趣味扑克牌。**扑克牌上面有数字、有图形，比较适合用来作数学教具。初始时期，可以从1～5的扑克牌玩起。妈妈和孩子轮流出牌，如孩子先出一张3，妈妈后出一张2，将两个数字分别组成一道加法算式和一道减法算式，由先出牌者计算，后出牌者进行检查，计算正确，牌归先出牌者，计算错误，牌归后出牌者。最后以牌多者为胜。待孩子能完全搞懂1～5的大小及加减运算后，可以把范围逐渐扩大到1～10。

●**数豆豆。**把家中的黄豆、绿豆等豆类放到一个碗里，让孩子数数、分分。如妈妈说拿出3颗黄豆，让孩子把3颗黄豆放到桌子上。再让孩子拿出1颗绿豆，问问孩子桌子上是几颗豆豆。玩法可以多样化，如黄豆排队、绿豆排队等。

●**带孩子去购物。**上街购物让孩子当小管家，如买2个西红柿、4根黄瓜，安排孩子付钱、找零，让他查一查购物袋里有多少黄瓜和西红柿等。

斯宾塞小语

为孩子设计教具，目的是在充满乐趣的氛围中让孩子学习到知识。由于数学比较抽象，需要通过孩子的思维能力来学习，所以要想让孩子爱上数学，就要在日常生活中借助教具来激发他们对数学的兴趣。

绘制小地图，孩子思维的训练

孩子经常玩画地图游戏，可以增强他们的空间感和方向感，并能培养孩子拥有抽象思维能力，为今后更高层次的教育打下良好基础。

故事的天空

5岁的洞洞站在大街上，边查看街景，边对照着手里的手绘地图，他惊喜地发现，少年宫，还有富强商厦都一一对应上了，就连街边的那棵老榆树也被妈妈画在了上面。

洞洞开始学习识别地图已经有好几个月了，现在他能读懂地图，知道地图上的东西南北，也能通过地图找到实际地标了。

下一步就是如何去画地图，洞洞比较有信心。这不，合上手中的地图，就和妈妈乘车去郊区岳爱山，他们要从山脚开始绘制岳爱山局部图。这可是他第一次动笔画图，心里可激动了。

终点站就在山脚下，洞洞以公交车终点站为起点，把小河、山脚下的一排白房子，还有半山腰的凉亭都规划在内，小家伙趴在青石板上，很认真地观测着、绘制着。整整用了一个小时，他才把手里的图纸递给妈妈看。

妈妈看后，先肯定了儿子的做法，然后指着小河上的石桥说：“宝贝儿，你怎么把小石桥

弄丢了，大家可怎么‘过河’呢？”

洞洞伸出舌头做个鬼脸，赶紧重新在图纸和实地上进行观测比对，最后把小桥画到了相应的位置上。

通过画地图，洞洞掌握了很多地理知识，如什么代表小山坡，什么代表道路，什么代表河流，房子是什么符号，桥梁、公路、铁路等该怎么标注，山峰、村庄如何在地图上体现，等等。

洞洞妈妈利用地图做教具，让儿子掌握了许多知识的同时，还锻炼了他的思维、记忆、观察等能力。

吕姐爱心课堂

教孩子绘制小地图，是一种很好的益智活动。为了训练小斯宾塞的记忆能力、描述能力以及抽象与形象思维相结合的能力，斯宾塞决定教小斯宾塞绘制地图，他认为：“地图更有直观性，更符合孩子的思维特征。从地图游戏中，还可以发现孩子天赋上的特点。有的孩子画的形象和细节很清晰，这说明他的形象思维能力强些；有的孩子线路明确、方向感不错，则说明他的抽象思维能力强些。”绘制小地图成了他对小斯宾塞进行教育的教具之一，并且产生了明显的效果。

在以往的传统教育中，很少有人利用这种方式对孩子进行方向感教育，以致许多孩子长到十几岁了，对方向感还是迷迷糊糊的。斯宾塞的地图游戏值得借鉴，让孩子玩画地图的游戏，会增强孩子的空间感、方向感，并能训练孩子独立面对外部世界的心理素质，为培养孩子拥有抽象思维的能力、记忆力、描述能力、观察能力等打下良好的基础。

通过画地图游戏，可以让孩子初步建立起前、后、左、右等空间概念。有助于孩子及早懂得道路的方向，左右拐弯等方位，继而对交通规则、人行横道线、人行道等加深认识。同时，对地理知识的掌握以及绘画技能的提高都具有推动促进作用。

斯宾塞支招DIY

用图形表现抽象的事物，可以使孩子的思维能力和严谨风格从小得到培养。父母不妨多带孩子到室外活动，充分利用身边的地形、建筑做教具，让孩子积极参与其中，这既是一种乐趣，也是一种学习。

●**教孩子识图。**首先要教会孩子看懂地图上的符号，只有这样才能正确使用地图。父母可以形象地给孩子讲述符号的形状和颜色，以及它们代表的含义。如：表示饭店的符号是一套餐具，一看就知道那是吃饭的地方；红色的十字表示医院；公路是用黑线表示；铁路是用黑白相间的粗线表示。地图上的海洋、湖泊等，一般用蓝色表示；而绿地、农田等，一般都用绿色表示。当孩子对地图上的符号弄懂后，才能动手绘制地图。

●**初步学画图。**为孩子准备白纸，画笔等。然后领着孩子到小区外，让孩子熟悉地形，并在纸上画出小区的位置、道路等。

●**绘制小地图。**待孩子熟悉了一些绘图的基本要领后，就可以教孩子绘制地图了。第一步是定向与定位，先让孩子确定上北下南、左西右东的方向，注意使地图的方向与实际方向一致。以自己所在的位置为地图的中心点，画上一个小人。然后是绘地标，围绕中心点，由内而外依次在地图上标出最有特点的地物，如商场、游乐设施、公共厕所等。最后，围绕地标物，画出周围有特征的地物，如树林、草坪、湖泊、道路、小桥等。画好后，和孩子一起按图走一走，看看画得是否正确，有哪些地方还有遗漏。

斯宾塞小语

地图具有直观性，更符合孩子的思维特征。让孩子玩画地图的游戏，会增强他们的空间感、方向感，提高记忆力、观察力、描述能力以及抽象与形象思维相结合的能力，并能训练孩子独立面对外部世界的心理素质。

快乐心境，轻松学习

痛苦的功课令人感到知识讨厌，而愉快的功课会使知识吸引人。那些在恐吓和惩罚中得到知识的人，日后很可能不继续钻研；而以愉快方式获得知识的人们，不只是因为知识本身是有趣的，许多成功的体验促使他们进行自我教育。

——斯宾塞

阅读时间：30分钟　　受益指数：★★★★★

让兴趣为快乐求知引路

没有什么比兴趣更能吸引孩子，也没有什么比兴趣更能让他们坚持一件事。了解孩子的兴趣，并针对他的兴趣给予正确的引导，这将能帮助他们更好地学习知识。

故事的天空

4岁的勃勃站在鱼缸前盯着水中游动的热带鱼，好半天他都没有挪动一下脚步，眼睛不时地追随着那条游来游去的鱼儿。

妈妈端着一杯水过来说："宝贝儿，来喝点水吧。"

勃勃指着热带鱼，问妈妈："鱼为什么不会沉下去呢？"

妈妈说："因为它们身体内有一个'气球'，你看'气球'是不是能浮在水面上呀？"

勃勃点点头"哦"了一声，眼睛又开始追看着游动的鱼。

看到孩子对鱼产生了兴趣，勃勃妈妈赶紧找出百科全书，对所有关于鱼的知识进行恶补起来。

果然，在吃午饭时，儿子又问起了关于鱼的事情来，妈妈指着盘子里的红烧鲤鱼说："鱼是生物的一个种类，是可以吃的食物。"

勃勃忽闪着大眼睛问："那鲸鱼能不能吃呢？"

妈妈知道他肯定是想到了他的鲸鱼玩具，说："可以呀。"

勃勃想了想又问道："那鱼吃什么呀？"

妈妈告诉儿子，大鱼吃小鱼，小鱼吃虾米。然后给他讲关于鱼的分类，如海鱼、淡水鱼，还提到了蟹类、鳖类、虾类等有关水中生物的知识。

趁着勃勃高兴，妈妈赶紧把百科全书海洋生物卷拿了出来，和儿子一起对照着书中的图画和文字学了起来。

勃勃通过学习，系统地了解了海洋生物，尽管许多知识没有记住，但在他脑海里已经打上了烙印，说不定哪一天就会冒出兴趣来，继续他的"钻研"。

吕姐爱心课堂

孩子是从来不缺乏兴趣的，他们的好奇心强，什么都想看看、摸摸、尝尝。有些孩子"兴趣"不起来，与父母的引导和家庭环境有很大的关系。可以说，是父母的各种禁令，扼杀了孩子的"兴趣"。

斯宾塞说："兴趣和满足总会带来快乐。因此，在教给孩子某方面的知识时，先让他产生兴趣，接下来的教育工作便会事半功倍。"他总结道："兴趣是孩子对事物的主动选择，诱导则是促使和加强孩子的这种主动性，使兴趣变得持久、有目的。"小斯宾塞爱好广泛，是与童年时期斯宾塞对他兴趣的引导分不开的。

在现实生活中，一些功利化的父母常常会指责孩子的一些"没有用"的兴趣。觉得孩子对一块三角形的石片产生浓厚的兴趣，远没有对一本书产生兴趣有用。实际上，从孩子的心智发展来说，很难用"有用"或"没用"去区别他们的兴趣。每一种兴趣对孩子求知来说，都是有价值的。面对一块石头，他可能对几何、重量、颜色、温度等多种知识有所触动，只是还不知道这些知识而已。当他们今后接触到有关知识时，就会唤起当初的记忆。即便没有知识上的收获，也会收获到内心的愉悦或是专注力。

孩子虽小，但他们也有着鲜活的思想和情感，有自己的兴趣。只有从兴趣出发，孩子才能自主地学习，才能学得又快又好，才能享受到学习的乐趣。如果把父母的兴趣强加给孩子，让孩子担负起成人的愿望，往往是加重孩子的负担，使他们的学习变成一个痛苦的过程。

斯宾塞支招DIY

父母要做好引导孩子叩开兴趣之门的优秀导师，让兴趣为孩子的快乐求知引路。家庭是孩子生长的最初环境，对形成兴趣具有重要和深远的影响。

●**不要采用否定式。**当孩子对某件事物表现出兴趣时，不简单地因为自己认为“没用”而指责、否定他。对于孩子来说，做任何事情都不是无用功，即便他们敲击树干，对手部，对视觉、听觉等也有锻炼的作用。

●**把兴趣转化成动力。**利用孩子的兴趣，积极引导他们深入“研究”下去，在给他们带来快乐的同时，还培养了他们的专注力，并获得与这一兴趣相关的知识。这远比把知识直接灌输给孩子更容易使他接受。

●**为孩子准备与兴趣相关的工具。**对孩子感兴趣的事情，父母要尽量提供必要的帮助，如他对植物产生了兴趣，可以在阳台上为他准备花盆，让他亲手把种子种下，让他了解发芽、长叶、开花、结果的整个过程。

●**帮助孩子把兴趣长期坚持下去。**孩子的兴趣有时候是容易转移的，这就需要父母给予必要的引导。当孩子由于遇到困难而放弃自己的兴趣时，不妨花上一点时间帮他解决难题，使他的兴趣得以坚持下去。帮孩子保持兴趣有一个秘诀，就是要让他受到一些诱惑，不要随时随地满足他。这样，孩子对兴趣才会保持长久的热情。相反，如果不断满足他，他的兴趣就会很快消失。

●**别让孩子把兴趣当成负担。**当看到孩子有某方面的兴趣时，应给予积极地引导。需要注意的是，父母的目的性不能太强，因为渴求自由是人类与生俱来的天性。一旦孩子意识到这是一项“任务”或“作业”时，他们的兴趣可能就会大减。

斯宾塞小语♡

兴趣和满足总会给人带来快乐。因此，在教给孩子某方面的知识时，先让他产生兴趣，接下来的教育工作便会事半功倍。兴趣是孩子对事物的主动选择，诱导则会促使和加强孩子的这种主动性，使兴趣变得持久、有目的。

发现知识，而不是强行灌输

硬塞进来的知识，只会停留在记忆表层，孩子并没有因此而知识丰富。而让他们自己从中发现知识，得出经验，这样得到的知识，才更容易记牢并自如应用。

故事的天空

4岁的阳阳在晴空下忙活着他的实验，他在一盆水里放上一块厚厚的塑料板，用手使劲儿按下时，塑料板牢牢地贴在盆底，可是手一松开，塑料板立刻就又浮到了水面。

阳阳妈妈坐在树荫下，飞快地用钩衣针钩着沙发巾，似乎对儿子晒在太阳底下没有感觉。

走过来的邻居夏静看不下去了，对阳阳妈妈说："你可真是的，孩子都满头大汗了，还让他蹲在太阳底下淘气。"

阳阳妈妈笑笑说："他正在做实验呢，不能随便打扰的。"

夏静来了兴趣，说："呵，还是一个小科学家呢！"

这时，阳阳抬起汗津津的脸问："妈妈，塑料板怎么不沉底呀？"

妈妈抬眼看了一下儿子，说："你再琢磨琢磨呗。"

小家伙果然又埋头做起了"实验"。

夏静刚想开口告诉阳阳塑料板太轻时，被阳阳妈妈打断了，

拉她一起坐下来乘凉，小声地说："给他一个机会嘛。"

阳阳站起来，看到河边的小河卵石，跑过去捡回大小不一的几块石头，他惊奇地发现，就连最小的小石头也能沉在盆底，如果在塑料板上放一定重量的石头，塑料板也能挨到盆底。有了如此惊人的发现后，他高兴地跑过来，拉着妈妈去看"奇迹"。

这时，妈妈才告诉儿子，由于密度不同，它们的浮力也是不一样的。尽管塑料板看上去很大，却只能浮在水面上，石头虽然很小，却可以沉到盆底。然后把装在裤袋里的一本科普小书拿了出来，拉阳阳坐在树荫下，开始给他讲解起关于浮力的知识来。

夏静这才恍然大悟，原来阳阳妈妈是有意识地在锻炼孩子啊！

吕姐爱心课堂

经常会看到这样的场面，妈妈和孩子一起学习，妈妈很热心地教，可是孩子却有些心不在焉地学。每当孩子想跑出去玩耍时，妈妈就会伸手把他拉回来，命令孩子安静地坐下来学习。

大人很费心，孩子却不热心，效果也不明显。而能够像阳阳妈妈那样，给孩子自己琢磨机会的父母在生活中却不多见。斯宾塞认为："强行灌输知识的做法是完全错误的。心智与身体一样，获取的知识超过了自身承受的能力，就会导致营养过剩。假如向孩子供给的知识过多过快，孩子的心智就不能对它们进行整合与吸收。"他又指出："强行灌输会使人很快就对书本和知识产生厌倦，与此同时，紧张、痛苦的感觉也随之而来，孩子那最宝贵的自我教育的兴趣，也可能会就此被破坏掉。"

早期教育不能过分强调灌输知识，激发孩子潜能、让他们自己去发现才是重心。任何具有永久用处的东西，必须费力得来才会持久。所谓"来得容易去得也容易"，不仅用于财富的得失，在知识的获取上同样适用。如果孩子自己去发现了这些知识，并理解了它们，那么这些知识就会永远归他所有。当然，这并不是说让孩子自己从无到有地去发现，而是给予帮助地去发现。否则，知识的积累就太慢了。

让孩子通过自己的亲身实践和探索发现知识，要比父母填鸭式的强行灌输更容易令他们接受。每告诉孩子一个答案，就等于剥夺了孩子一次学习的机会。如果硬往孩子大脑里"塞"知识，会造成孩子对知识的排斥与抵制。这些知识非但得不到消化吸收，还会造成孩子对学习的厌倦与反感。

斯宾塞支招DIY

学习应该是一件快乐的事情。许多孩子之所以对学习有畏惧心理，皆源于父母的强制。所以，引导强似灌输。父母要给孩子提供自由探索的环境和条件，让他们自己从中发现知识、得出经验，这样得到的知识，才能记牢并应用自如。

●不要扼杀孩子的好奇心。孩子的天性就是好奇，而好奇才能产生兴趣，兴趣就会转化为动力。所以，不要怕孩子对什么都好奇，这是他们在认知这个世界，是一种儿童式的学习。父母一定要保护好他们的好奇心，引导他们把好奇转向兴趣。扼杀了孩子的好奇心，就等于扼杀了孩子独立思考的能力。

●给孩子自我发现的机会。生活中要多给孩子提供一些自我发现知识的机会，当发现孩子专注于他的“研究”时，别打扰和干涉他们的兴趣。不要直接告诉孩子答案或给予孩子过多的帮助，让他们自己从中得到经验。

●帮助和引导孩子获取知识。孩子的探索精神会随着年龄的增长而增长，父母不仅要允许孩子自由探索，还要引导孩子大胆去想，允许他们创造性地尝试。引导孩子去发现问题，学会解决问题，使他们获得更多的知识。

●避免强硬的灌输。在教育孩子时，最好先向孩子讲解知识的趣味性，让孩子对知识产生好感，让孩子明白学习是一件快乐的事情。父母不可有急功近利的思想，迫不及待地去给孩子灌输，让他死记硬背一些他不感兴趣的知识。

斯宾塞小语

任何具有永久用处的东西，必须费力得来才会持久。所谓“来得容易去得也容易”，不仅用于财富的得失，在知识的获取上同样适用。如果孩子自己去发现了这些知识，并理解了它们，那么这些知识就会永远归他所有。

鼓励和赞美，孩子快乐学习的动力

在温暖而充满爱的氛围中，多给孩子些鼓励和赞美，不但可以帮助孩子发展健全的人格，还能激发其学习的潜能，使其变得更聪明。

故事的天空

6岁的乐乐坐在电子琴前，面无表情地弹奏着《春天在哪里》，这是他今天第七遍弹奏这支曲子了，妈妈觉得一点进步也没有，要求他认真点弹琴。

当乐乐完成最后一个音符后，妈妈批评道："你怎么这么没有音乐天赋呢？练习这么多遍了，指法还是不熟练。"说完，她把孩子推到一边，坐在琴前，气哄哄地按动着琴键，想给孩子示范一番，结果优美的旋律变得很刺耳。

这时，爸爸出差回来了，见到这一幕，幽默地说："这乐曲里也带着愤怒呢！"

妈妈"扑哧"笑出了声，觉得自己确实有些急躁了，找个台阶下，说："都让他给我气糊涂了。"

爸爸的到来，缓解了尴尬紧张的气氛，等一家人都平和了，爸爸拉着儿子的手说："我就特别喜欢听乐乐弹的这首《春天在哪里》，好几天没有听，还真想呢！来吧，给爸爸弹一曲怎么样？”

乐乐高兴地坐到琴前，欢快地弹了起来。

正在收拾爸爸带回来行装的妈妈也停了下来，静静地站在那里欣赏着。没想到，他竟然弹得如此流畅，节奏和旋律都把握得很好。

等儿子弹完，父母都给予了热烈的掌声。

事后，妈妈悄悄地问爸爸：“我陪他练习了好多次，都不是很理想，你一回来，他就像换了一个人似的，只一遍就强似百遍！”

爸爸笑着说：“关键在于态度，你是在逼他，我在鼓励他，结果自然就不同了。”

妈妈检讨说：“看来，天赋也需要鼓励，当孩子感到弹琴是一件紧张而痛苦的事情时，练上一万遍也是没有效果的。”

吕姐爱心课堂

斯宾塞认为：“为孩子营造一种友好、亲昵、鼓励的学习气氛，不仅可以增强孩子对父母的信任感，而且学习的效果也会事半功倍。友好、鼓励是快乐教育的最佳方法。一个长期得不到友好、鼓励和正确训练的孩子，会在心里产生厌恶和憎恨。”

不要说是几岁的孩子，就是成年人也喜欢听那些充满友好和鼓励的话语。当你在工作中，由于一次失误被领导严厉地批评、指责时，你一定会反感、厌恶，甚至憎恨。但如果他总能在适当的时候鼓励你一下，拍拍肩膀，笑一笑，你反而会心存感激，做得更好。其实，孩子的世界与成人的处境相同。

人和其他动物一样，都对恶劣、否定性的环境有着天然的反感的排斥。一个孩子，如果他面对的总是呵斥他的父母，心里便会产生厌倦。这种反感的情绪尽管会因为害怕而有所克制，但是却不利于接受任何知识。相反，如果是在一种友好、鼓励的气氛中学习，不但可以增加孩子对父母的信任感，而且学习的效果也会好很多。

鼓励，是一种肯定，更是一种期待。那些善于鼓励孩子的父母，在教育问题上就会显得轻松愉快。也许孩子最初没有在学习中找到快乐，但在父母的友好鼓励和赞扬下，他们会觉得学习也是一种享受。因为从父母快乐的表情中，他们感受到了幸福。当他在学习中取得一点成绩时，父母表现得比他还兴奋和快乐。孩子就会记住，以后还会做出同样的成绩，来与父母分享这份快乐。如此一来，孩子的激情被点燃，学习也会由被动变为主动。

父母应该及时为孩子营造积极向上的学习氛围，不要吝啬自己的赞美之辞。千万不要觉得孩子还小，就不懂得鼓励对他意味着什么。当他的行动受到父母的肯定时，孩子由衷的笑脸还有亢奋的激情就是最好的证明。对于小孩子来说，来自父母的鼓励，对他们更是一种动力、一种支持。

斯宾塞支招DIY

鼓励和赞美是孩子快乐学习的催化剂。在这种充满爱和愉悦的心境中，孩子更能认识到自己的潜力，并不断地主动发展各种能力。

●**营造一个友好的家庭氛围。**和睦的家庭，才能有一个良好温馨的学习氛围。在日常生活中，家人间相互礼让，养成事事讲民主的氛围，孩子在这样的家庭环境中，自然会充满信心和快乐，对学习也会有着浓厚的兴趣。

●**鼓励孩子的点滴进步。**对于孩子的每一个小进步，父母都要看在眼里，及时予以肯定和鼓励。这样，他们就会以此作为前进的动力，更加努力地好好学习。在孩子的成长过程中，父母一定要细心，多留意孩子的点滴进步。有时，孩子在学习中不是没有进步，而是父母太粗心，没有发现的缘故。

●**教育需要耐心和技巧。**学习是一个渐进的过程，对于一个几岁的孩子来说，有些知识点不会一次就能弄懂。父母千万不要产生急躁的心理，觉得孩子太笨。而是要耐心讲解指导，并通过孩子能理解的方式方法去给予帮助和引导。

●**不情绪化地对待孩子。**有些父母在教育孩子上过于情绪化，孩子有了进步，就显现出高兴的样子，一个劲儿地表扬和鼓励。而一旦孩子有些小失误，就会对他提出批评或显现出不高兴的样子。这都是不可取的，过于情绪化不利于孩子的成长，会使孩子产生困惑或矛盾心理。

斯宾塞小语

一个孩子，如果他面对的总是呵斥他的父母，心里便会产生厌倦。这种反感的情绪尽管会因为害怕而有所克制，但是却不利于接受任何知识。

允许孩子异想天开

每个孩子生来都有巨大的想象和创造力潜能，只要得到适时而科学的开发，都可以成为极具有创造性的人。父母要允许孩子异想天开，有意识地引导他们积极思考，鼓励他们标新立异，按照自己的想法去行动。

故事的天空

第一场雪降临了，4岁的求求高兴地蹦跳着，强烈要求赖在床上的爸爸起床，一家人好去堆雪人、打雪仗。

广场上，铺上了厚厚的一层白雪，人们呼出的热气变成了白雾。求求一家把雪人堆好，才停下来喘口气。

求求眯着眼睛看着红红的太阳说："妈妈，要是把太阳摘下来就好了，大家都可以伸出手去烤烤火了。"

妈妈笑着说："傻孩子，太阳的个头好大哦，能装下许多个地球的，不要说烤手取暖了，把人都烤焦啦！"

求求想了想说："那就把太阳用锯子锯成小块儿。"

爸爸说："你怎么上到太阳上去呢？"

求求忽闪着大眼睛说："坐火箭去呗。"

对儿子的异想天开，父母都没有再说什么，他们不想破坏了孩子的想象力，也许他能从这些不着边际的幻想中悟出点什么呢！

吕姐爱心课堂

幻想是人类固有的“财富”，不要以为孩子的奇思怪想是不着边际的，这正是他们求知欲望的表现。孩子应该有自己的见地和判断，父母不要总是想着让孩子按照成人的标准答案作答，嘲笑他们的稚嫩。

斯宾塞说：“孩子有自己的思想和判断。无论在家里还是在学校里，他们都应该享有独立判断、独立思考的权利。尽管有些想法在成人看来很幼稚，或者有些判断根本就是错误的，但是谁没有经历过这样一个从幼稚到成熟的过程呢？没有幼稚，何谈成熟？没有过错误的判断，又怎么会有正确的知识和见解？何况教育的目的，除了让孩子获得新的知识外，还要训练他们获得新知识的能力。”

一些父母对孩子的奇怪想法嘲讽为痴人说梦，飞机的上天、电话的发明、登月的壮举当初都被认为是不可能的，可是在今天却成了很平常的事情。而那些发明者如果“不异想天开，固执己见”，从一次次坚持中努力，肯定取得不了成功。可见，独立思考和判断的能力多么重要。

在生活中，很多父母都忽略了这一点，动辄就指责孩子，要他们放弃不切实际的想法，这简直就是在扼杀天才。其实，父母不仅不应该武断地否定孩子的想法，还要尊重他们的意见，并适时地鼓励他们有创意的新想法。这样，孩子才不会墨守成规，才会成为一个富有创造性思维的未来人。

独立思考和判断的能力是孩子不可或缺的，只有具备这种能力，他们才会辨别是与非、对与错，并能突破常规的思维，寻找真理。父母在日常生活中，应该允许孩子异想天开，并有意识地促进他们积极思考，这样孩子的未来才会大放异彩。

斯宾塞支招DIY

思维独创性是智力的高级表现，独创性强的孩子在思维的过程中比较客观、实际、有主见。对于孩子来说，思维和想象是密不可分的。要培养孩子的思维独创性，就应为孩子创造宽松的家庭氛围。

●**鼓励孩子“异想天开”。**对孩子的“异想天开”，不要阻挠，应鼓励孩子的自由思维和发挥想象，告诉孩子做任何事情没有绝对的标准答案，有些答案可以自己去寻找。

●**让孩子大胆尝试和创新。**孩子好奇心强，什么事情都愿意亲自探索和尝试，父母应给予鼓励和支持。鼓励孩子的创新精神和求异意识，可以从小事做起。如孩子玩玩具和做游戏时，不一定非要他们按一成不变的模式去做，不妨出点新花样。

●**支持孩子用自己的想法解决问题。**许多父母觉得百依百顺的孩子乖，好管教。其实，这样的孩子没有主见，独立性也不强，并不利于今后的成长。所以，在日常生活中，要鼓励孩子自主活动、独立思考，支持孩子用新的办法来做事。可以经常引导孩子："你觉得怎么样？""你的想法是什么？""你有什么好办法吗？"

●**为"异想天开"付出点代价。**有些事情，孩子因"异想天开"而出了差错，这时父母不要急于去责备孩子，而是帮助孩子分析一下，找到解决问题的方法，并告诉孩子什么是可行的，给他适当的提示，让他换个方法再试试。这样，孩子遇到问题时，也就习惯去用脑筋想一想了。

●**启发引导孩子求新求异。**一个问题可以有多个答案。如在观察天上云彩变化时，可启发孩子想象这朵云彩像什么，还像什么，尽量拓展孩子的想象空间。在他画圆时，可以鼓励孩子添画成花朵、太阳、足球等。

斯宾塞小语

孩子有自己的思想和判断。无论在家里还是在学校里，他们都应该享有独立判断、独立思考的权利。尽管有些想法在成人看来很幼稚，或者有些判断根本就是错误的，但是谁没有经历过这样一个从幼稚到成熟的过程呢？没有幼稚，何谈成熟？没有过错误的判断，又怎么会有正确的知识和见解？何况教育的目的，除了让孩子获得新的知识外，还要训练他们获得新知识的能力。

别把分数当回事

分数不能作为评判一个孩子是不是优秀的标准，即便是鼓励他学习，也应该尊重他的成长规律。父母要更多关注孩子的兴趣、思维，而不仅仅是分数。

故事的天空

在幼儿园门口，6岁的音音背着双肩小书包，呆呆地站在那里，把头低得不能再低，含着眼泪接受着妈妈的批评。

音音的妈妈看来真的动怒了，尽管压低了嗓门，周围接孩子的家长们还是听得很清楚。原来，妈妈对于孩子这次测试的94分不理想成绩，一直在质问孩子，为什么没有考100分。

对于这件事情，家长之间悄悄地议论开了，有的认为，对幼儿园的孩子没必要强调分数；有的认为，不能输在起跑线上，分数是衡量孩子成绩的唯一标准；还有的认为……

音音的可怜相儿引来许多同情的目光，住在同一个小区的邻居丽丽妈妈觉得应该给孩子留些面子，赶紧过来劝阻道："在幼儿园大门外骂孩子，影响多不好啊！"

音音妈妈抬头看看围成一圈的"观众"，不好意思地笑笑，说："这都把我气糊涂了。"

在结伴回家的路上，丽丽妈妈说："别太把孩子的成绩当回事儿，分数仅仅是考评方法之一，如此批评孩子，会加重他们的挫败感， 只能增加不快乐的心情。"

音音妈妈说："现在不抓紧，今后她怎么竞争得过人家？"

丽丽妈妈说："对于孩子来说，学习也是一种乐趣，咱们应该为他们创设一个快乐的学习环境，让孩子产生兴趣后，自然学得进去，成绩也会有所提高。把分数看得过重，一味逼迫孩子去死学，效果不会太好的。"

音音妈妈不再说什么了，一直在紧锁眉头思索着。

吕姐爱心课堂

分数成了孩子们的"鬼门关"，许多父母都很看重孩子的分数，甚至孩子还没有进幼儿园，就在家里模拟着对孩子进行分数考核了。给孩子灌输的总是争取第一名，好像考出了第一名的好成绩，孩子就进了保险箱，锁定了未来的好位置。

用分数来对孩子某一时期的学习进行考评，仅仅是方法之一，斯宾塞认为："这种方法并不完善，这是许多心理学家、教育界有头脑的人的共识。"他还强调："不以分数来评判孩子，是最尊重他成长规律的做法。"可是，在现实生活中，没有几个家长能如此淡定，在他们看来，分数就是衡量孩子学习的一个标准，孩子的分数不理想，大人就会感到没有面子。

其实，真正能促进孩子进步的，是学习方法。父母更应该去关注孩子的思维能力和学习方法，尽量留住孩子最宝贵的兴趣和好奇心。这是他们一生都受用不尽的"财富"。

有人认为，分数就是要激励好学的人，警醒不好学的人。这种观点是不值得提倡的，对于孩子来说，道德、品质等其他方面可以用荣誉来刺激，可是知识与学习是需要兴趣来推动的。一个孩子如果经常在这样的一种刺激下学习，会使他不断去追求一些标准答案，很容易失去对学习和求知本身的乐趣。对于那些得低分的孩子，这种警醒会增加他们不快乐的感觉，有的孩子甚至因此而一蹶不振。

一个人的全面型素质不仅包括专业素质，同样包括人际交往能力、创新能力、工作能力和生活能力等方方面面。孩子除了书本知识，还有许多方面是要同步学习和充实的。千万不要将孩子的学习成绩当作教育唯一重要的方面。把孩子圈在书本知识的套子里，是最愚蠢的行为。也许这样培养出来的孩子理论上有一套，但是生存能力、应变能力就会差一些，并不能真正地适应社会。

斯宾塞支招DIY

片面追求分数，会让孩子丧失真正的学习目标。不要以分数论英雄，更不要把孩子的成绩当作父母的“面子工程”。而是应为孩子创设一个快乐的学习环境，让他们在好奇心的驱使下，自觉主动地快乐求知。

●**父母应放宽心态。**分数只是一个参考，很难因此判断一个孩子是好还是坏、是否优秀，父母不要把孩子的分数看得太重，也不要因为孩子成绩不理想而感到羞耻和没面子。其实，更多的时候是我们的虚荣心在作怪，把孩子的成绩当作了与别人攀比的资本。不妨放宽心态，尊重和善待孩子之间的差异，让孩子做最好的自己。

●**让孩子在玩耍中提高各种能力。**玩耍是孩子的主要学习任务，父母应该为他们创设一个快乐宽松的生活环境，让快乐伴随每一天。孩子在这样的环境里，才能培养更广泛的兴趣，积极主动去探索，通过玩耍提高各种能力。这也是在为孩子积攒学习的能量。

●**重视孩子的兴趣和好奇心。**父母除了在生活上照顾好孩子，还应该多关注孩子的思维能力、观察能力，高度重视孩子最宝贵的兴趣与好奇心。千万不要把孩子调教成一个“木偶”式的听话的小人儿，失去自我的孩子怎么会有创造力呢？

●**培养孩子对知识的兴趣。**枯燥的知识很容易令孩子感到厌倦，父母应从培养孩子的兴趣入手，然后引导拓展，只有这样他们才能学得进去。

分数只是一个参考，很难因此判断一个孩子是好还是坏、是否优秀，父母不要把孩子的分数看得太重，也不要因为孩子成绩不理想而感到羞耻和没面子。

不要让过度学习压垮孩子

凡事都讲究一个度，父母的教育与孩子的学习也是一样，只有恰到好处、适可而止，教育才能发挥作用，学习也才能有所收获。

 故事的天空

夜幕降临了，各色灯光渐次开启，加上长街窄巷里穿梭着的车灯，把城市的夜幕点缀得光怪陆离。

6岁的仔仔可没有心情趴在窗口欣赏美丽的夜景，此时他正坐在小学习桌前对着习字本发呆，铅笔在手里似乎比一双筷子还要沉重，他的作业还没有完成一半，眼睛已经开始有些发涩了。

妈妈正和前来串门的路阿姨坐在客厅里聊着天，不时传来她们开怀的笑声。仔仔更加心神不定了，借口找水喝走进了客厅。

妈妈赶紧厉声地呵斥道："看，又坐不住了，你的作业都写完了？"

仔仔赶紧低下头，小声地嘟哝着："还没……"

路阿姨有些不解地问："怎么，学前班还有那么多作业？"

仔仔妈妈说："噢，是我

额外加的。”

路阿姨看看有些疲惫的仔仔，说：“适可而止，过度学习、超前学习可不利于孩子成长啊。”

仔仔妈妈说：“别人家的孩子都这样，咱们不抓紧怎么行呢，还不落到人家后头去了？”

路阿姨说：“安排学习是应该的，但是要根据孩子的身体状况、现阶段发育状况来合理科学地安排才行，让孩子过度学习，非但达不到预期的目的，反而会让孩子产生厌学心理，那岂不是更糟糕。”

仔仔妈妈求教道：“那可怎么办呢？”

路阿姨先让仔仔到里面房间去玩，然后讲起了自己的教子心得。通过交流，仔仔妈妈认识到以往的不足，决定改弦易辙，重新安排孩子的学习生活，让他减轻压力，轻装起飞。

吕姐爱心课堂

孩子还没有上学，就已经坐在了家里的小书桌前，父母充当起老师，让孩子提前进入“角色”。本该是到处玩耍的年龄，被父母逼成了“小学究”。

当然，学习应该成为孩子的生活内容之一。但是，过度教育以及过度学习对孩子的成长是很不利的。斯宾塞认为：“过度紧张的学习，会伤害孩子的身体。大自然为每个人准备的东西都是定量的。如果按照它准备的去索要，分量恰当、种类合适，就会得到一个大致平衡的发展；但如果在某一方面索要的比它准备的多许多，它就只能从自身其他的地方削减一些东西补充过来，从而导致某些方面出现透支。如果这种情况一直发展下去，大自然也会做出反抗，甚至会将应该给予的也全部收回去了。”

一个人的精力是有限的，过度地超支体力有损于健康，也不利于正常的学习或工作。孩子更是如此，他们正处在长身体的阶段，如果父母让孩子把精力长时间用在枯燥的学习上，会给他们的身心带来损害。如孩子食欲不振、消化不良、记忆力下降、情绪低落等，均与此有关。

在对待孩子学习方面，许多父母都觉得不能让孩子输在起跑线上，给孩子安排过多的学习时间，减少了他们的自由活动，令孩子感到身心疲惫。特别是有些父母拔苗助长，更是令孩子苦不堪言、穷于应付。如孩子才两岁，就要求他学习三四岁的内容，他们怎么可能理解得了？更不要说消化吸收了。

斯宾塞支招DIY

人的精力是有限的，如果父母采取严格的训练方法，结果只能适得其反。爱孩子，就应给他们自由，在学习任务安排上，要量力而行。不要认为书本上的知识才算是学习。其实，孩子的一言一行都是一个学习的过程。

●**为孩子的学习减压。**学习是需要慢功夫的，父母不要对孩子施压过大。应科学合理地安排孩子的学习，让他们有充分的自主时间。

●**教育应在厌倦之前结束。**快乐的教育，还应该让孩子在身体上得到快乐。所以，父母要在孩子学习厌倦之前及时中止他，鼓励他到外面去放松一下自己的身心。这样，孩子才能有更充沛的精力来学习，且学习始终对他充满诱惑力。

●**让学习变得有趣。**游戏是孩子的天性，父母可以借助孩子的这一特点，把学习内容设计到游戏当中，这样一来，孩子既不感到枯燥，又能兴趣大增，可以起到事半功倍的良好效果。

●**不能对孩子的学习设定过高目标。**学龄前阶段，孩子还应以游戏为主，学习要退居到次要位置。本阶段的学习任务就是为上学预热，孩子能掌握多少算多少，关键是培养他对学习的兴趣。对孩子的学习设定过高的目标，会使他们难以适应，甚至产生厌学抗拒的心理。

斯宾塞小语

人的精力是有限的，如果父母采取严格的训练方法，结果只能适得其反。爱孩子，就应给他们自由，在学习任务安排上，要量力而行。不要认为书本上的知识才算是学习。

运动，为孩子学习助力

运动不仅能强身健体，而且能极大地促进孩子的智力提升和心理健康。从小培养孩子的运动兴趣和习惯，会让孩子受益终身。

故事的天空

山坡上芳草青青，各色野花随风摇曳，踏青的人很多，一些孩子大呼小叫地追逐着蝴蝶或是蜻蜓。

4岁的彤彤跑累了，疯够了，乖乖地坐到正在看书的妈妈身边，喝完妈妈递过来的温开水后，手捧着一本彩绘识字书，温习着昨天学过的生字。

一位年轻的母亲搀在蹒跚学步的女儿身后，来到彤彤身边。也许是小姐姐手中的书本吸引了只有1岁多的小女孩吧，她站在彤彤身边不动了，一只小手拉着妈妈的衣角，另一只小手指着彤彤，嘴里嘟嘟哝哝地说着含糊不清的话。

彤彤妈妈笑着同小女孩儿打招呼，拍着双手邀请道："来，宝贝儿，和阿姨一起玩好吗？"

女孩妈妈赶紧把孩子抱过来，就这样大家认识了。

见到比自己更小的孩子，彤彤自然高兴了，主动承担起小姐姐的义务，领着小女孩儿

玩了起来。

女孩妈妈拿起彤彤放到草地上的书，边翻看着，边说："出来玩，还让孩子学习呀。"

彤彤妈妈说："玩够了，跑累了，趁着休息身体的时候，让孩子动动脑，效果会很好的。"

两个妈妈把话题转移到如何培养孩子的问题上来。

彤彤妈妈的"运动可以为孩子学习助力"的话题，令人眼前一亮。女孩妈妈原来觉得，运动只能使人四肢发达、头脑简单，孩子的学习与运动没有丝毫的关系，经彤彤妈妈系统的介绍，才扭转了以往片面的看法。

吕姐爱心课堂

生活中，和文中小女孩妈妈一样想法的父母不在少数。他们通常认为，运动并不属于教育的范畴，是与学习风马牛不相及，甚至是背道而驰的两种事物。其实，运动不仅不会影响孩子的学习，使他们"头脑简单"，相反，它可以使孩子心情愉悦，进而促进孩子更快乐、更有效地学习。

运动促进智力发展，是有着科学依据的。研究证明，运动能促进脑中多种神经元的活力，使大脑思维反应更为活跃、敏捷，并通过提高心脑功能，加快血液循环，使大脑享受到更多的氧气和养分来达到提升智力的作用。孩子的大脑正处于发育阶段，运动发挥的作用能得到更大的回报。

斯宾塞认为："教育就应该让孩子从心智和身体上都得到快乐。因为对于孩子来说，他生长的本能需要运动，同时也需要能量的补充。"就小斯宾塞来说，事实证明，每次学习后的运动，使得他对学习的兴趣和效果出人意料地大大增强了。

父母在关注孩子心智成长的同时，身体的快乐也不应该疏忽。大凡成功人士都认为，除了用功学习之外，娱乐、运动是不可缺少的。并以此来避开过度教育、过度学习的危害，从而不仅精力充沛、兴趣广泛，而且充满活力。

斯宾塞主张快乐的教育，运动是不可缺少的一个组成部分。适当的体育锻炼会对孩子的学习有促进作用，父母不要认为体育运动占用了孩子宝贵的时间。当运动中枢神经兴奋的时候，学习中枢神经也可以得到轻松，有张有弛，是十分利于学习的。

斯宾塞支招DIY

孩子的运动不可缺少，不要认为运动会把孩子的心玩野了，往往那些爱运动的孩子会更聪明。运动可以为孩子提供大量的"生长维生素"，爱孩子，就应该让他多运动。动起来的孩子才更健康、更可爱。

●**让孩子从小养成运动的习惯。**定期带孩子一起去进行打球、游泳、爬山、散步等户外运动。带孩子运动时，要及时给予孩子技术上的指导和心灵上的支持。如陪孩子一起运动，一起观看体育比赛，用竞赛、合作、奖励等方法来激发孩子的兴趣，支持孩子的运动，鼓励孩子的信心。

●**选择适合孩子的活动。**适合孩子的活动主要取决于孩子的年龄、肢体协调能力的发展，从孩子开始走路起，就要鼓励孩子尝试各种能促进基本运动技能开发的活动，如跑、平衡、跳、踢、扔、抓等。

●**让孩子"有的放矢"做运动。**要结合孩子的兴趣来选择运动，如对于好动合群的孩子来说，慢跑、骑自行车比较适合他们，这可以培养孩子的耐心和意志力。而对于比较内向好静的孩子，不妨选择球类、接力赛等锻炼孩子团队合作以及沟通交往能力的运动。

●**运动时间要适当。**对于尚未发育成熟的孩子，一次运动时间最好不要超过1小时，最好间隔十几分钟，休息一会儿后再运动或游戏。一天的运动量不能过大，以运动后孩子不感到疲劳为限。

●**父母要以身作则。**养成良好的运动习惯，才能利于身体健康。一曝十寒的间断性的运动方式不可取。要想让孩子坚持运动，父母自己应先养成锻炼身体的习惯，再忙也要挤出时间和孩子一起坚持锻炼，为孩子做出良好的榜样，以使孩子养成良好的运动习惯。

●**要尊重孩子的选择。**孩子有自行选择参与哪种游戏或运动项目的权利，父母不要包办强迫。当孩子想要休息时，应当停止运动，等孩子有了运动的愿望，再继续进行。

运动也是快乐教育的一部分。虽然从表面上看，它似乎与知识的传授毫无关联，但是它却和身体健康与情绪息息相关，而且它的效果也是巨大和神奇的。

让我们一起唱歌吧

唱歌可以愉悦情绪，给人以美的享受。如果父母能够经常和孩子一起唱歌，不但能密切亲子感情，让孩子充满快乐，还会使他们的学习劲头十足。

故事的天空

清晨，公园的空气格外清爽新鲜。在林间空地上，6岁的茵茵一曲《采蘑菇的小姑娘》打动了许多晨练的人，大家都驻足倾听着那银铃般清脆的美妙童音。

茵茵非常喜欢唱歌。无论是在家中，还是在幼儿园，她整天都快活得像一只小鸟。而她的歌声更是大家的最爱，都夸她是未来的“歌唱家”。

茵茵的父母从事的是金融保险业，与音乐没有直接的关系。由于工作紧张，每天下班回家都很累，心情难以轻松起来。在这样的家庭环境中，茵茵的脸上也难有笑容。

在一次亲子讲座中，茵茵妈妈受到了触动，她觉得家中确实缺少欢乐气氛，难怪孩子显示出闷闷不乐的样子，在幼儿园里学习成绩总是垫底。她听从讲课人的建议，用歌声打破沉闷的生活基调，让快乐永远留在心间。

从那以后，一家人都爱

上了唱歌，爸爸最喜欢励志歌曲，而妈妈对经典校园老歌百听不厌，《采蘑菇的小姑娘》是茵茵每天必唱的曲目，她还喜欢在床上或地板上光着小脚丫边跳边唱，一副欢快的样子。

近几个月，父母的心情放松了，无论工作多么繁忙紧张，回家一听到音乐，疲劳马上一扫而光。而茵茵更像一只欢快的小鸟，围在父母身边唱唱跳跳，在幼儿园里不仅成了最快乐的“小歌唱家”，成绩也大幅度提高，学习劲头十足。

吕姐爱心课堂

热爱歌唱，是人类的天性。人们往往一高兴就喜欢大声歌唱，在歌声中情绪得到了愉悦，快乐得到了升华。

音乐是日常生活中最为自然、愉悦的部分。它对孩子的成长有着“助推剂”的奇妙作用，可以帮助孩子把大量的信息分解成易于记忆的片段，或者是把它们与以前获得的信息联系起来。

唱歌，会让自己和周围的人轻松一些，快活一些。和孩子一起唱歌，还能让孩子对生活增强信心，使他们感受到生活中美好的东西很多，而不仅仅是枯燥的学习、作业、成绩等。在斯宾塞的快乐教育中，“与孩子一起唱歌”是不可缺失的一环，他特别强调：“要让孩子放声歌唱，父母也要唱。唱一首歌，心中的郁闷就会释放，大脑也渐渐兴奋，肺和腹部也会得到运动。”斯宾塞经常和小斯宾塞在家里和野外放声高歌。每每在小斯宾塞唱到十分动情、投入的时候，他会很欣慰地从中感受到教育的轻松。

经常让孩子唱唱歌，可以让他们的情绪得到放松，使孩子在不同的领域中进步快速，如社会认知、交往沟通、运动技能等各个方面。孩子正处于成长发育阶段，歌唱会促进他们的呼吸、发声以及听觉器官的发育，提高听觉灵敏度。唱歌还有助于培养孩子的专注能力，因为在学习唱歌的过程中，需要他们对身体进行理性的控制，在瞬间完成歌唱所需要的相关器官的配合。

快乐教育怎么可能缺少美妙的歌声呢？不要因为孩子五音不全而感到不可调教，只要他们喜欢开心歌唱就好。孩子天性对音乐有着难以割舍的情感，如孩子哭闹时，给他们放一些舒缓的音乐，就能渐渐安静下来。妈妈轻轻哼唱的歌曲，是孩子最好的催眠曲。所以，不妨多让孩子唱唱歌，并且和孩子一起开心地大声唱，一曲高歌过后，相信他们对接下来的学习就不会感到枯燥，也更乐于接受新的知识了。

斯宾塞支招DIY

家庭生活中，不能缺少美妙的歌声，要想快乐常伴身边，就放声歌唱吧。孩子天生是爱音乐的，父母应该为孩子创设一个良好的音乐环境。

●**和孩子一起唱歌。**家庭娱乐不需要专业水平，和孩子一起唱歌的目的也不是培养未来的音乐家，只要孩子喜欢唱歌，就达到了目的。和孩子一起唱歌时，还可以配以动作和简单乐器，用来激发孩子的感官。这样，孩子不仅仅听到的是音乐，还体会到音乐和旋律的动感。

●**主动挑起唱歌的情绪。**在唱歌的问题上，父母要主动挑起唱歌的情绪。如妈妈先唱几句，然后邀请孩子一起唱。最好经常举办家庭“音乐会”，适当给积极参与的孩子些奖励，让孩子对唱歌产生更大的兴趣。

●**让歌声无处不在。**唱歌无须选择场地，一起做饭时，可以哼唱；出门玩耍或旅游，要大唱特唱；到了乡村，不妨唱些有关猪马牛羊、鸡鸭鹅狗的动物歌曲；来到青青的草地上，明快、活泼的儿童歌曲应该是首选。

●**尊重孩子的唱与不唱“时间表”。**唱歌不应该限定时间，只要喜欢唱就唱。如果孩子想玩游戏而不想唱歌时，父母应该尊重他的选择，不能强求孩子先唱歌，然后再玩游戏。因为唱歌是需要情绪的，孩子没有唱歌的意愿，即便开口也是起不到愉悦身心的效果的。

●**欢快的唱歌接龙。**在孩子学习新的歌曲时，采取唱歌接龙的方法比较好，这可以使孩子在学唱时注意力集中，积极地记忆歌曲的旋律和歌词。父母应先给孩子讲清游戏的方法，把新歌唱几遍，让孩子熟悉旋律和歌词，然后父母就来和孩子做唱歌接龙的游戏，一人接唱一句，直到唱完。

斯宾塞小语

唱歌，会让自己和周围的人感到轻松一些，快活一些。和孩子一起唱歌，还能让孩子对生活增强信心，使他们感受到生活中美好的东西很多，而不仅仅是枯燥的学习、作业、成绩等。

和孩子快乐“玩”科学

让孩子从小爱科学，养成科学的思维习惯，是孩子健康成长的关键。每个孩子都具有天赋的探索欲望，父母要引导他们从身边的现象去挖掘和感受科学的魅力。

故事的天空

2岁半的照照咯咯地笑着，他和妈妈在玩“捉影子”的游戏，妈妈躲躲闪闪，照照撵着妈妈的影子去踩。

当妈妈跑到树荫下时，照照站在那里不动了，因为他找不到妈妈的影子了，小家伙四处查看着，用手推着妈妈移动脚步，就是找不到妈妈的影子，急得他连连跺着脚，他为妈妈的影子丢失感到困惑，竟然怀疑影子跑到了树上。

妈妈看到儿子着急的样子，走到阳光下，伸出双手邀请着儿子。

照照惊喜地发现，妈妈消失的影子又出现了，赶紧跑过去用脚去踩，嘴里高兴地噢噢欢叫着。

当妈妈躲到树荫下，照照又找不到妈妈的影子了。

经过几番的追逐，照照发现，只要妈妈来到阳光下，就有清晰的影子出现，而妈妈躲进树荫下，影子就“藏”了起

来。学聪明了的他不再感到困惑了，妈妈躲进树荫，他就停在阳光下，看着自己的影子，又抬头看看天空中的太阳，然后冲妈妈嬉笑着，好像在说："哼，骗不了我！"

妈妈看到儿子那副得意相儿，抿着嘴笑了。她的目的就是让儿子明白：只有在阳光下才有影子，躲到阴凉的地方，影子就没有了。看来，在躲闪和奔跑的过程中，儿子已经感悟到影子和太阳、光线之间的关系。下一步，就该借机给他讲一讲有关这方面的知识了。

吕姐爱心课堂

科学就在我们身边，就伴随着我们的生活。让孩子爱科学，引导他对科学产生兴趣，是父母必须要给孩子上好的一堂课。照照和妈妈玩捉影子的游戏，包含了许多科学信息，如此地"玩"科学，哪个孩子会拒绝呢？

斯宾塞说："在一切知识中，只有科学知识才能使人终身受益，并且具有永恒的价值。父母应该把科学方面的知识作为启迪孩子心智、训练孩子思维、培养孩子思维习惯和思维方法的重要知识来传递。一个具有科学思维习惯的孩子，他在人生中会少走很多弯路。"是的，养成科学的思维习惯好处多多，如对于增强记忆力有着独特的作用，有助于培养孩子的独立思考和判断能力，对孩子的道德和品质成长起着积极的作用，等等。

每个孩子天生就是小科学家，他们在好奇心的驱使下，对任何事物都会感兴趣。父母应该满足孩子的探索欲，让孩子从小养成科学的学习方法和思维方式。不要怕孩子弄脏了手或是有什么危险，禁止孩子动手的欲望。应利用身边的物品，引导孩子爱科学、"玩"科学。孩子用肥皂水吹泡泡，把香皂盒放到水盆里划船，都是有着科学道理的，父母借此为孩子讲授一些科学知识，相信孩子一定会十分乐意接受。如此地学习科学，能极大地拉近孩子与科学之间的距离，有利于孩子身心素养的提高。

斯宾塞支招DIY

幼儿时期是人的思维形成和迅速发展的重要时期，在这个时期，父母采取有效方法，对孩子进行科学探索思维的培养，将使他们终生受益。

●**在游戏中感知科学道理。**寓科学知识于游戏之中，是对孩子进行科学启蒙教育最重要的途径。父母不仅要对孩子的游戏予以支持，还要把科学知识融进游戏里，让孩子感知科学的魅力。如将黑木珠一端的珠孔内塞入黑绒线，作为小蝌蚪的尾巴，在珠底面嵌上一粒图钉。把有图钉的底面放在塑料垫板上，然后拿一块磁铁放在垫板下面来回移动。让孩子看看，小蝌蚪在水中游来游去！如此奇妙的游戏，孩子一定会百玩不厌的。

●**和孩子一起动手操作科学“器材”。**科学游戏需要借助于一定的材料或工具才能进行，父母在为孩子准备科学实验“器材”时，应邀请孩子一同加入。通过参与材料的准备，以及亲手操作具有一定规则的有趣的游戏活动，会使孩子获取有关的科学经验，激发他们对科学的兴趣。

●**从日常生活中展开科学教育。**生活中很多有趣的现象都能吸引孩子的注意力。对孩子进行科学教育的内容，最好贴近他们的实际生活，这样才能使他们体验到科学就在自己身边，从而更长久地保持对科学的好奇和探究欲望。

●**带孩子到大自然中去“玩”科学。**大自然是一座巨大的科技宝库，父母应经常带孩子到大自然中去认识自然、了解自然，从中获得科学知识。如在水中玩浮力的游戏，在林间看看阴面和阳面的植被有什么不同。

●**在家中巧设科学游戏。**足不出户也能使孩子受到科学的“教育”。如把一个沾满水的盘子放在阳台上，在太阳光下晒一会儿。让孩子观察水为什么会减少或没了。接下来启发孩子，妈妈洗干净的湿衣服为什么要放在太阳底下晒晒？让孩子明白，阳光与热量、空气与水等相互作用的关系。

斯宾塞小语

父母应该把科学方面的知识作为启迪孩子心智、训练孩子思维、培养孩子思维习惯和思维方法的重要知识来传递。一个具有科学思维习惯的孩子，他在人生中会少走很多弯路。

爸妈私房话

第五章

做个快乐的教育者，斯宾塞的快乐家教智慧

在斯宾塞看来，教育的目的是让孩子成为一个快乐的人，教育的手段和方法也应该是快乐的。就像一根细小的芦苇管，你从这一头输进去的如果是苦涩的汁水，在另一端流出的也绝不会是甘甜的蜜汁。

将快乐进行到底

每个父母对孩子都有支配权，但每个父母都应该慎用这种权力，不应该成为吓唬孩子的稻草人，使孩子总是在恐惧的情绪中战栗。就像不可能在一张抖动的纸张上画下什么美观的图案一样，你也不可能在一个颤抖的心灵里留下什么有用的知识。

——斯宾塞

阅读时间：25分钟　　受益指数：★★★★★

呵护好孩子的自尊心

自尊心是孩子健康成长的重要心理因素，如果损害、挫伤孩子的自尊心，他们就会失去前进的动力和勇气，从而为其成长带来不良后果。

故事的天空

6岁的欢欢已经进入学前班了，和幼儿园时期不一样的是，学习成了主要任务，每周都有测验，每月还要有月考。前两次测验，欢欢都处在中游水平，妈妈每次拿到成绩单，都是显得一脸的不高兴，要求他下次一定要考出好成绩。

又一次的测验结束了，欢欢的成绩提高了许多，小家伙兴冲冲地跑回家，对妈妈说：“下次考试我一定要超过王岩，我和他只差6分啦！”

妈妈接过儿子递过来的成绩单，说：“人家向来都是第一名，你要超过王岩？有可能吗？”

欢欢的满腔热忱一下子被浇灭了，感到有些委屈地嘟着小嘴回房间去了，再也不想如何去超越王岩了。

晚饭时，爸爸回到家，见儿子闷闷不乐的样子，赶紧问缘由。

正在摆碗筷的妈妈用嘲笑的口气说：“你儿子还想争第一呢，就他那样，拿什么去超越别人？”

爸爸赶紧对妈妈摆摆手，拿起儿子的成绩单，说：“进步好快呀！没问题，下次加一把劲儿，就能考出更好的成绩。”

欢欢有些郁闷地看看爸爸，小声地说：“我不行！”

爸爸搂着儿子的肩膀说：“没有不行，只有更行！”接下来爸爸给他讲了许多励志故事，最后告诉儿子：“你是最棒的，因为你努力，就会取得成功。”

欢欢一扫不快情绪，吃起饭来感觉特别香，放下碗筷就去自己的小房间温习功课去了。

等妈妈忙完，爸爸悄悄地批评着妈妈，说孩子的气可鼓，而不可泄。孩子再小也是有自尊心的，以后不要用讽刺的语气对儿子讲话啦。

妈妈不住地点着头，表示知道自己错在哪里了。

吕姐爱心课堂

幼儿期是孩子自我意识的形成时期，在这个时期，他们开始注意别人对自己的评价，特别是父母的言行直接影响到孩子的心理变化。孩子是很敏感的，他们的自尊心非但伤不得，还要花大力气去培养。斯宾塞认为：“培养孩子的自尊心，是教育的目的之一，是使孩子文明、自治的必要条件，也是培养孩子有责任心、上进心、荣辱感的前提，还是孩子自我认识中最重要的一环。”

许多大人经常呵斥孩子，觉得孩子小，忘性大，即便吼他几嗓子、打他几下，转眼就忘在了脑后。事实并非如此，小小的人儿也是有自尊心的。当自己受到了不公正的评价或待遇，他们会用哭泣、生气来表示自己的不满。

自尊是一种自我认同和肯定，有了这种认同，会使孩子不甘落后，永远保持一颗进取心。所以，一定不要伤了孩子的自尊心。父母采取粗暴的态度教育孩子，不仅起不到教育的作用，还会令孩子感到痛苦和自卑。如果孩子连自信心都没有了，更不会有动力和勇气朝着父母所引导和期望的方向前进。

孩子的自尊心是其健康成长的重要心理因素，让孩子失去自尊心很容易，但重建自尊却是一个缓慢而艰难的过程。俗话说："树怕伤根，人怕伤心。"孩子的自尊心是在日常生活中逐渐培养起来的，所以，父母在孩子面前所说的每一句话、做出的每一个举动，都会对孩子产生深深的触动，影响孩子的心理健康。千万不要认为孩子小就可以不尊重他们。

一个合格的父母会懂得，应该像呵护草叶上娇嫩的露珠一样，用自己的全部爱心去保护孩子的自尊心。多给孩子些表扬和鼓励，少对他们指责埋怨，只有这样，才能充分调动和激发孩子成才发展的自觉性、积极性，进而使他们不断克服缺点，逐渐完善自我。

斯宾塞支招DIY

自尊心是孩子成长的精神支柱，是他们向上的基石。孩子的成长动力，来自他内心的体验，而不是与他人比较后的结果。因此，父母要在生活中为孩子创设一个温馨、民主的家庭环境，充分地尊重、保护孩子的人格尊严。

●**避免使用伤害孩子自尊心的言辞。**"你真笨，这点小事都做不好""太让我失望了""怎么养了你这样一个不争气的孩子""别做梦了，你怎么可能行？"这些否定嘲讽式的语言是父母经常脱口而出的。也许是出于一时的气愤，也许是出于"恨铁不成钢"的爱子心切，可是对孩子来说，每一个字眼都是利刃，极大地伤害了他们的自尊心。明智的父母一定要摒弃这些话，对孩子说些激励他们积极向上的话语。如"只要努力，相信你一定可以做到""没关系，下次会更好的"等。

●**过错累加要不得。**许多父母喜欢翻孩子的犯错旧账，这会使孩子觉得自己一无是处，进而自暴自弃。当孩子犯错误时，最好只谈眼前的问题，已经批评过了，就不要再提了，不要总是抓住他们以前犯过的错误不放，上次是上次，这次是这次。只有这样，孩子才能不断地改正错误，减少犯错误的机会。

●**别拿孩子与别人做比较。**有的父母喜欢拿别人家的孩子与自家孩子做比较，以为这样能够激励他们，殊不知，这会使孩子自尊心受到伤害，感觉自己"技不如人"，从而对未来失去信心。其实，每一个孩子都有自己的闪光点，父母要让孩子和自己做比较，使他们能不断看到自己的进步，进而对自己充满信心，走上不断进步的良性循环。

●**学会给孩子留面子。**孩子是极其反感父母在人前否定自己的，许多父母为了显示自己的谦虚，说自己的孩子这也不行，那也不优秀。为了不使孩子难堪，最好不要当着别人的面训斥、指责孩子，否定孩子的能力。

●**多从孩子的角度看问题。**当孩子出了差错，不要急于批评，应从孩子的角度看问题，想想孩子为什么这样做，再选择适当的教育方式。不要因为孩子犯一点小小的错误就严厉批评指责，甚至体罚孩子，而应适当宽容孩子的过错，选择说理的教育方式。

培养孩子的自尊心，是教育的目的之一，是使孩子文明、自治的必要条件，也是培养孩子有责任心、上进心、荣辱感的前提，还是孩子自我认识中最重要的一环。

阅读时间：30分钟　　受益指数：★★★★★

把权利还给孩子

教育应从尊重孩子的权利开始。只有尊重孩子的权利，把本应属于孩子的权利还给他们，才是对孩子真正的爱，才是科学的教育孩子的方法。

故事的天空

4岁的寻寻站在清澈的小溪边，兴奋地看着水中游动的鱼儿。这时，5岁的阿涛光着小脚丫从远处跑来，他和寻寻一起看了一会儿游动的鱼儿，便走进水里，弯下腰，伸出小手捕捞游来的小鱼小虾。那些小动物机灵得很，绕开小淘气阿涛，向远处游去。

寻寻好羡慕赤脚站在水中的阿涛，坐在地上把鞋子脱掉，也要下水捉鱼去。

坐在岸边的寻寻妈妈看到后，赶紧跑过来，拉住寻寻的小手说："不要下水，有危险的。"

寻寻扭动着身子，指着阿涛说："不嘛，阿涛都下水了。"

寻寻妈妈一边阻止女儿下水，一边劝阿涛："乖孩子，到岸上来玩吧。"

阿涛非但没有听话地上岸，还向寻寻招手，邀请她一起来玩水。

寻寻妈妈扯着一步三回头的女儿，去找阿涛妈妈了。说水中有危险，你这做妈妈的也不看好自己的儿子。

阿涛妈妈看了一眼水中嬉戏的儿子，说："没事的，只要孩子高兴就好，

他们愿意玩什么就玩什么呗，咱们做好监管就行了。”

寻寻妈妈却不这样看，她以水中危险为由，领着寻寻去草地上玩耍了。

尽管人在草地上，寻寻的心却飞到了河边。对满眼的花草和纷飞的蝴蝶，寻寻一点儿也提不起兴趣，只是频频地把目光投向站在水中大喊大叫的阿涛那里。

吕姐爱心课堂

孩子的乖巧是许多父母引以为豪的事情，可是孩子的内心是否愿意，父母就不去理会了。其实，教育的目的除了知识传递、道德培养之外，还应该对孩子的权利予以尊重。一个失去自由和权利的人，是不会感到快乐的。没有了好的心情，失去了自己感兴趣的东西，孩子还会全力以赴按照父母的指示去做事情吗？

许多父母对孩子的吃喝拉撒睡极度关注，却很少关注孩子的心理活动。即便有些父母能比较民主地对待孩子，在给予孩子各种权利上却做得还很不够。寻寻妈妈是很爱自己女儿的，可是她却温柔地扼杀了孩子的兴趣，这是对孩子自由玩耍权利的不尊重。

斯宾塞说：“如果对孩子的权利完全漠视，让他只是盲目地服从、听从，这样做的结果对孩子是极为有害的。一个权利从来没有受到过尊重的人，一旦可能，他也会同样对待其他人；一个很少得到爱的人，也常常会在可能的情况下还之以恶。”如果真的爱自己的孩子，就要尊重和保护他们的权利，让孩子在自由享受他们各种权利的过程中，不断完善自我，最终成长为一个具有高度自治能力的人。

孩子虽小，也是一个独立的人，是积极的主动的权利主体。他们有自己的爱好，有自己的生活。父母要尽可能地为孩子创设一个良好的成长环境，除了生理上的照顾，学习上的引导，还要注意对孩子人格的发展予以保护。孩子的发展过程不仅是被动地接受影响和教育的过程，自身也在积极参与并影响这个过程。当父母尊重孩子的权利，并引导孩子珍惜自己的权利时，真正有益的家庭教育才算刚刚开始。

斯宾塞支招DIY

父母给孩子最高尚、最理性的爱，就是对孩子权利的尊重，这是促使他们逐渐形成自我教育、自治能力和责任心的重要条件。

●**尊重孩子的权利。**除“政治”权利以外，孩子的所有权利都应该受到尊重。父母首先要确认孩子是独立的个体，在社会和家庭中享有一定的权利。在与孩子相处的过程中，应友好地与孩子平等相处，让他们感受自己是一个受到尊重的人。

●**玩耍是孩子的权利和工作。**孩子是在游戏中学习各种知识和生活经验的，只要没有危险性，父母要让孩子尽情地玩耍。在不影响孩子的情况下，父母最好也参与进来，多给孩子创造游戏的机会，让他们在游戏中体验探索与发现的乐趣。

●**给孩子选择的权利。**只要孩子的选择不违背道德，没有危险性，父母就不要去阻止他的行动。尊重孩子的每一个选择，就是给孩子自主决定的机会。父母不能把自己的兴趣和爱好强加于孩子，替孩子做选择。

●**尊重孩子对自己物品的支配权。**孩子有权对自己的物品随意支配，父母应该尊重孩子的个人意愿。如果需要使用或是分享孩子的个人物品，应当征得孩子的同意，如果孩子拒绝，不要强迫孩子与别人分享。

●**孩子也拥有不良情绪的权利。**每一个人都会有情绪不好的时候，孩子也不例外，除了快乐、满足的积极情绪，当然也会有种种不良情绪，如烦躁、愤怒、不友好等。对孩子的“生气”，父母要予以理解，这是他们感情生活中的一部分，宣泄也是一种自我排解的方式。父母不要剥夺孩子自我心理调节的权利，否则他们把怨气积存在心里，紧张和焦虑情绪就会不断增加，是不利于孩子成长的。

●**尊重孩子的隐私权。**每个人都有自己的私密空间，小孩子也不例外。父母不要总希望控制孩子的一举一动，应允许孩子有自己的小秘密，尊重他们的隐私权。其实，小孩子能有什么大不了的隐私？他们那些不愿意被人知道的小秘密，在成人眼里也许算不得什么大事，有些甚至是很可笑的，可在孩子的心里却十分重要。所以，父母要尊重他们，不要强求孩子分享他们的隐私，即便知道了孩子心中的秘密，也不要轻易去揭开。当然，由于孩子藏有秘密而心生不宁的时候，父母可以主动和孩子分享自己的秘密，以获取孩子的信任，引导他们慢慢说出自己的秘密，帮助他们解决心中的问题。

我认为教育，无论是家庭教育还是学校教育，它在本质上除了知识传递、道德培养之外，就应该是对孩子权利的尊重。不明白这一点，任何苦心孤诣的教育都是会失败的。

良好的家庭环境，孩子快乐的摇篮

为了孩子健康成长，父母要为他们营造一个安定温暖的家庭环境。父母的关心体贴、家人之间的平等友好、父母与孩子之间的亲密无间，都是孩子快乐的源泉。

故事的天空

夜深了，已经喝得有几分酣醉的爸爸坐在茶几前依旧自斟自饮，妈妈坐在一旁生着闷气，唠唠叨叨地数落着爸爸爱喝酒的坏毛病。

5岁的婷婷躲在自己的小房间里，透着门缝惊恐地看着客厅里的父母。当爸爸把最后一口酒喝下，摇摇晃晃走进自己的房间去睡觉时，婷婷困得眼睛都快睁不开了，看到这一幕，悬起的心终于放下了，暗自叹息道：总算没有吵起来！她吃力地爬到自己的小床上，钻进冰冷的被窝。

爸爸和妈妈吵架，已经不是一天两天的了。妈妈指责爸爸酗酒，爸爸埋怨妈妈总是去打麻将。结果家里三天两头地吵架，婷婷只能在一旁惊恐地“观战”。

回到房间里的婷婷并没有马上睡着，而是心事重重地在想：家里何时能像从前那样，一家人有说有笑，把自己当成心肝宝贝？

妈妈早就发现女儿的不快，只是自己的心情也不好，一直没有和女儿谈心。看到孩子惊恐的样子，她心里也很不好受，收拾完茶几上的杯盘碗筷后，来到女儿的房间，看孩子是否睡着了。她有些歉疚地轻轻抚摸着女儿的头发。

婷婷起身搂住妈妈的脖子无声地哭了起来。

妈妈作着检讨说："今后，妈妈不再去打麻将了，也不和爸爸吵架了，妈妈陪婷婷，一起快快乐乐地生活。"

在妈妈的安慰下，婷婷终于睡着了。睡梦中，孩子不停地在喊着："爸爸妈妈不要婷婷了吗？爸爸妈妈不要婷婷了吗？"

妈妈的心简直要碎了，咬着牙没有哭出声来，暗暗地在想：明天一定要找丈夫好好谈一谈，为了孩子，不能再这样过下去了，必须给孩子一个温暖的家。

吕姐爱心课堂

家庭的生活环境，对孩子有着重大影响。婷婷的父母并不是不爱她，可是这种不良的家庭氛围会给孩子心理上带来巨大的阴影。

在孩子成长过程中，物质条件不是第一位的，他们真正需要的并不是物质享受，而是父母给他们带来的安全感和幸福感。斯宾塞认为："在孩子的成长过程中，环境对于孩子来说就像做陶瓷的陶坯，如果长期处于不快乐的畸形环境中，孩子的原始性格也是畸形的，这会影响他以后性格的健康发展。"

给孩子一个幸福的家、一个快乐的环境，可以使他们在生理和心理两方面都能健康地成长。这是父母最应该做的事情。那些生活在父母之间感情不和、家庭环境充满了不稳定因素的家庭里的孩子，心理健康也是畸形的，容易发展至冷酷、自卑、没有同情心等不良的性格和行为习惯。有的父母对孩子过于娇宠放纵，过分包办代替，也不利于孩子成长，会使他们形成自私、任性、易发脾气等品性。

良好的家庭环境，就是培植孩子良好心理素质和健康成长的土壤。家，是孩子的加油站，是他的坚强后盾和温馨港湾。家庭是否能够给孩子力量，取决于成员之间的感情和思想联系的密切程度。父母要读懂孩子的心，给孩子更多的快乐。尽力避免家庭结构变化对孩子成长造成的影响，努力为孩子营造一种民主、平等、宽容，且彼此关爱、温馨和谐的家庭氛围，让孩子健康快乐地茁壮成长。

斯宾塞支招DIY

家庭环境对于孩子成长的作用，是不言而喻的。父母应千方百计地为孩子创造良好的家庭环境，让孩子快乐地生活每一天。

●**给孩子一个温暖的家。**良好的家庭环境是应该充满爱和温馨的。父母要相互尊敬爱护，努力维护好一个和谐的家庭，让孩子体验到家人间相互信任、关爱、文明有礼，并从中懂得感恩，孝敬长辈。

●**人格独立平等很重要。**父母和孩子的人格应保持平等，不要因孩子小，而漠视他在家中的地位。只有这样，才能保持家庭成员人格的平等，使孩子乐于把家里的事情当成自己的事情，并且易于接受父母的建议。

●**不要在孩子面前争吵。**夫妻间出现分歧，应隐秘进行，不要当着孩子的面发生争执，尤其不要互相攻击对方。家庭火药味浓，对孩子是最大的伤害，有时候父母的争吵会让孩子体会到感情的复杂性，那些充满攻击性的言辞会给孩子带来恐惧、不安和焦虑。

●**多和孩子交流沟通。**父母要多和孩子进行情感沟通，要成为孩子的知心朋友，多了解孩子的需求，如他到底在想什么，需要什么，什么事让他快乐无比，等等。

●**给孩子讲讲自己的往事。**父母可以经常给孩子说一些往事，如妈妈小时候上学的事情，爸爸是从什么时候开始进行文学创作的，爷爷奶奶又是如何白手起家、创办现在这家公司的。这些陈年旧事对孩子来说，比虚构的故事更具有吸引力。它能带给孩子亲密、体贴的感觉，可以拉近与孩子之间的距离。

●**和孩子一起做游戏。**游戏是孩子的天性，父母也应该和孩子一起做游戏，通过游戏来密切亲子关系。当与孩子一起游戏时，也要像孩子那样专注地投入进去，不能半途而废，令兴致勃勃的孩子扫兴。

斯宾塞小语

家庭是否能够给孩子力量，取决于成员之间的感情和思想联系的密切程度。不管孩子在外面遇到什么，家，都是他的加油站，是他的坚强后盾。如果家庭成员之间的感情和思想联系得非常密切，这样的家庭就可以帮到孩子，反之则不能。

鼓励孩子表达不同意见

多听听孩子的解释，让孩子有辩解和申诉的机会，不仅仅是父母宽容、民主的体现，更是孩子应得的基本权利，也是保证孩子身心健康必不可少的一个环节。

故事的天空

星期天，白玫去老同学李玟家做客，一进门就撞见母子俩的“战争”场面，4岁的坨坨站在电视机旁拧着脖子，气鼓鼓地不理睬妈妈。而李玟来开门时，一脸的怒容，见老同学来了，才勉强挤出点笑容，样子比哭还难看。

白玫笑着打圆场：“干吗呀，把气氛搞得这么紧张！”

李玟指着儿子，说：“他算把我给气坏了，你越批评他，他越和你来劲儿，还学会跟大人顶嘴了。”

白玫过去拉着坨坨的小手，蹲下来看着他的眼睛，说：“宝贝儿，跟阿姨说说，这究竟是怎么一回事？”

坨坨委屈地说：“我没有打乐乐！”

李玟立即接上茬儿：“你没有打乐乐，人家怎么哭了？”

坨坨又来了脾气，愤恨地说：“哼，你就是不相信我！”

白玫把坨坨抱在怀里，说：“走，咱们去你的小床上去说。”

来到坨坨的房间里，白玫了解到，坨坨确实没有打乐乐，而是几个孩子在一起玩耍，乐乐不小心摔了一个跟头，结果大哭起来。坨坨赶紧去拉倒在地上的乐乐，碰巧被站在阳台上的妈妈看到了，结果就出现了母子对立的一幕。

白玫知道了真相后，夸道："好孩子，这样做就对了，小朋友不小心摔倒了，大家都应该关心他，今天是妈妈错怪你了，阿姨去批评妈妈。"

当李玟知道这真实的一幕后，有些愧疚地低下了头。

白玫不客气地批评道："你这个急躁的毛病就是改不了，你得容孩子解释啊。不要一上来就火冒三丈，孩子也有为自己辩解的权利。"

李玟自我做了一番检讨，承认自己做事不民主。她走到儿子的房间，诚恳地向儿子道歉，表示以后妈妈要给他说话的权利，多去听儿子的宝贵意见。

坨坨开心地笑了。

吕姐爱心课堂

不把孩子的话听进耳朵里、不容孩子辩解的父母有很多，他们觉得孩子犯了错误就要严厉批评。给他们好脸色，就更难管教了。

这是一种错误的观念。孩子虽小，也是有自尊、有思想的，他们应该拥有说话、辩解的权利。孩子受到了委屈，会对父母产生对抗的情绪，当他们不能用嘴来发声，用语言为自己辩解时，只有哭泣和愤怒一途了。许多孩子不听大人的话，与父母粗暴的态度有很大的关系。

斯宾塞说："一般情况下，如果孩子在接受别人的指责时还忍气吞声，会有一种很委屈的感觉，时间久了还可能产生怨恨的情绪。"可想而知，孩子在郁闷的心情中，他们愿意听从父母的教诲吗？他们还会觉得自己是快乐的吗？

每个人都有说话的权利，小孩子也一样。父母不要轻易指责孩子，要给他们辩解的机会，不要对可能刚想解释什么的孩子吼道："不要狡辩了，错了就是错了""你又开始撒谎了""我不想听你那一大堆的废话"……孩子张口要解释或提出疑义，一定有他的道理，父母不妨给他们从容的解释的机会，看孩子是否有被误解的地方。一般来说，孩子受委屈的时候，很少会主动反省自己的过错，因为伤心和怨恨已经占据了他们的内心。

如果是一个不尊重他的陌生人这样对待他，他可能当时很愤怒，但很快就不把它当回事了。可如果这个人恰恰是他最尊敬、最喜爱的人，恐怕孩子会非常伤心，也会因此变得不自信。所以，父母不要无端地批评或者责骂孩子，也不应该剥夺孩子说话的权利。即便是当孩子犯了错误的时候，也应该尽量控制住情绪，耐心地听孩子把话说完。

若想孩子心态阳光，充满自信，父母就要讲平等、讲民主，孩子在任何情况下都应当被允许表达意见。这样，才能帮助孩子建立起良好的自信心和荣誉感，他们才会积极主动思考，也会更“听话”。

斯宾塞支招DIY

父母不要把孩子的解释理解为顶嘴，或是不听大人的话。给孩子申辩的权利和机会，是家庭民主的最好体现，也是亲子关系密切的重要保证。

●**家庭要民主。**每一个人都有为自己辩解的权利，父母要做好家庭民主的建设工作，凡事友好协商解决。让孩子体会到被尊重的感觉，自然而然会坦诚与父母进行无障碍的情感沟通。

●**给孩子充分的辩解权利。**孩子有不同的意见时，要给予他们申辩的权利，只有这样，孩子才会更加理解父母所讲的道理，使教育收到良好的效果。要让孩子明白，辩解并非强词夺理，而是把事情讲清楚、讲明白，是非由道理来评判。

●**给孩子辩解的机会。**当孩子要辩解的时候，父母要给他机会，耐心地听他把话说完。如果因为辩解的时机不适宜，可以友好地对孩子说：“你有辩解的权利，但我现在很忙，等会儿听你的解释。”这会给孩子的心灵带来很大的慰藉，他非但不觉得委屈、伤心，反而会进行自我反省。

●**收起粗暴的态度。**在孩子反对父母的意见时，不应轻易地责备孩子不听话。如果孩子的意见是错误的，要耐心地说明、解释。如果孩子是对的，父母要虚心接受，这样才能养成孩子有主见、有创造性的好品行。粗暴的态度要不得，非但孩子不接受，还容易把孩子“感染”成粗暴的性格。

●**做孩子耐心的倾听者。**父母在和孩子交谈时，不要把孩子仅仅当成一个倾听者，应多给孩子发表自己意见、提出自己想法的机会。要耐心倾听孩子讲话，并对孩子的话做出积极应答。在这一过程中，让孩子逐渐体会到语言的作用，习惯于表达以及学会如何表达。

斯宾塞小语

如果孩子在接受别人的指责时忍气吞声，会有一种很委屈的感觉。一个受委屈的人很少会主动反省自己的过错，因为伤心和怨恨已经占据了他的内心；而被感动的人常常自我反省，因为感动增加了他内心的勇气。

谈心，使孩子获取心灵的力量

和孩子谈心，是父母必须要做的课余功课。通过与孩子谈心，可以使亲子之间的感情得以加深，增加彼此的信任感。并且家长能够从中获取大量信息，为正确教育孩子提供依据。

故事的天空

5岁的宁宁和父母一起围坐在沙发上聊天。像这样的场景，在宁宁家是常有的事情。

今天的话题是："最近在想些什么？"

宁宁说："我在想，要是幼儿园里的老师不批评我就好啦。"

父母赶紧相互交流了一下眼神，意识到孩子有了新问题。

妈妈拉着女儿的手，轻声低问："老师为什么批评宁宁呀？"

宁宁说："我和万怡然一起擦桌子，她把水桶碰翻啦，就跑到一边玩去了，连桌子也不擦。哼，她是怕老师批评。"

爸爸问道："那宁宁该怎么办呢？"

宁宁说："我把水桶扶起来，还用墩布擦干了地板上的水。"

妈妈问："那为什么老师还要批评你呢？"

宁宁有些委屈地说："有个小朋友跑到我身边时滑倒了，他对老师说，是我把水弄洒的，害得他跌了一大跤。”

爸爸和妈妈同时“喔”了一声。

妈妈安慰道：“是老师误会了宁宁，下次再出现这样的情况，要向老师详细地解释一下，老师知道了宁宁是负责任的，还会表扬你呢。”

接下来，爸爸和妈妈讲起了当年自己被人误会的故事，他们告诉女儿，被人误会了没关系，一个是要把事情的过程讲清楚，消除误会，一个是不要怨恨别人对你的误会。谁都有误会别人的时候，大家都谦让一下，谅解一下，还是好朋友。

宁宁懂事地点点头。

父母觉得今天的恳谈很有收获，让女儿懂得了许多做人的道理。

吕姐爱心课堂

与孩子聊天、谈心，是与他们交流最简单、最有效的办法。因为在与孩子的交谈中，可以随时掌握他们的情感状况和思想动态，有针对性地对他们进行开导和教育，使孩子得到心灵上的升华。如果宁宁的父母不和孩子谈心，怎么能够知道她内心在想些什么？自己被小朋友误会，被老师误会，心里一定会感到很委屈。父母及时的释疑和安慰，会令孩子挥去心头的阴霾，从而让心情好起来。

斯宾塞认为：“父母要经常坐下来和孩子谈谈心、聊聊天，这是彼此之间相互认识的重要途径。”可是在现实生活中，父母们多是以忙为借口，很少和孩子坐下来热聊一番。即便是和孩子在一起，也只是问问学习情况，对孩子的内心世界很少探究。

许多父母甚至这样认为，自己的孩子还能不了解？一家人彼此已经很熟悉了，还需要相互认识吗？这里所说的认识，是从内心深处去进行情感交流。对于每个人的精神世界我们又了解多少？你又问过孩子几次他最担心的事情是什么，相信的事情是什么，快乐和不快乐的事情又是什么？多和孩子谈谈心，不仅能带给孩子意想不到的收获，对父母本身而言，也受益良多。

不要以为自己很了解孩子，其实他们的内心世界很丰富、很敏感。通过和孩子谈心，可以使我们知道孩子在想什么，他们的心里是怎样的一个世界；可以拉近与孩子的距离，走进他们的心灵；可以加深对彼此的了解，使孩子获得精神上的支柱；还可以帮助孩子改掉平时不容易改掉的不良习惯。并且可以让父母多一分童心，添一分童趣，永葆一种孩子般快乐的心境。陪孩子一起聊聊天、谈谈心，就像“储蓄”一家人的亲密情感，让孩子在欢乐和纯真的氛围中健康成长。

斯宾塞支招DIY

谈心是了解孩子的最好途径，在和孩子谈心、聊天的过程中，父母会了解孩子身上很多东西。谈心也是一门学问，也需要一些技巧。所以，父母要学点心理学，用孩子能够理解的方式进行情感沟通。

●**把握好与孩子谈心的时机。**一般来说，与孩子聊天、谈心，只要大家都有时间，随时随地都可以进行。当然，有几个时间段最适宜和孩子谈心，如他们刚从幼儿园回家，借着高兴和孩子谈谈幼儿园里的事、生活上的事，他们会非常乐意和父母说东道西。晚饭后，全家人一起坐下来谈谈心，也是彼此交流的好时机。孩子取得了好成绩，或是遇到了困难，也要适时地和他们谈一谈、聊一聊，这既可以使孩子及时受到鼓励和赞美，又可以帮助孩子疏导不良情绪。

●**内容最好选孩子感兴趣的话题。**与孩子谈心的内容，最好以孩子为中心，选择孩子感兴趣的话题。如谈谈幼儿园老师和小朋友之间发生的事，或是孩子自己的故事，让他们说说自己的看法，还可以借此提高他们的分析和识别能力。

●**语气要温柔。**与孩子谈心要多使用温柔、建议的语气，如“不然，你说说看……”“是这样的吧”等，让孩子感觉到自己受到了尊重，父母是爱自己的。自然就能顺畅地聊下去，父母的一些中肯的意见或建议他也能听得进去。

●**父母要学会倾听。**当孩子愿意说出自己的心事时，父母一定要面带微笑地看着孩子，做出一副认真倾听的样子，这会使孩子感到父母很关心、重视自己。千万不要一边做其他事情，一边听孩子说话，那样孩子今后可能就不愿意再和父母聊天了。

●**谈心不是训话。**与孩子谈心不是训话，在交谈中应始终保持一种友好、尊重的声调。父母可以谈出自己的看法，但不要忙于对孩子不正确的看法加以指责或打断，这样会削弱孩子聊天的兴趣。无论孩子出现什么问题，都要冷静、耐心，管理好自己的情绪，操之过急反而让孩子感觉到父母要控制自己，从内心上产生反感。

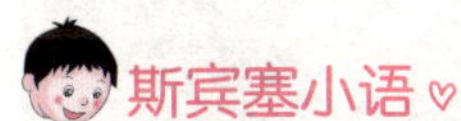

父母要经常坐下来和孩子谈谈心、聊聊天，这是彼此之间相互认识的重要途径。

给孩子机会，就是给予无限的可能

机会不是等来的，而是自己创造的。如果孩子没有过做事的经历，哪里还会有成功的可能？

故事的天空

明明高兴地跳了起来，向妈妈保证自己一定能行。今天，妈妈的好朋友司捷阿姨来做客，4岁的明明额外获得了妈妈的“特批”，允许他给阳台上的茉莉花浇水。以前，他已经有了无数次旁观的经验，看着妈妈是如何用小塑料喷壶给花儿浇水的。

明明先到厨房，用一只小杯子往喷壶里灌水，然后盖好顶盖，把喷壶提到阳台上，用双手把喷壶提起，开始往花朵上喷水。

司捷看后，赞道：“动作蛮熟练的嘛。”

明明妈妈笑着说：“这是第一次呢。”

明明高兴地浇着花儿，听到阿姨的夸奖，心里美滋滋的，干劲儿更大了。

两个大人坐下来聊着天，明明站在茉莉花前看着自己的劳动成果，好久不舍得离开。

当司捷得知明明以前从来没有独自干过什么，对好友批评道：“这就是你的不对了，孩子愿意做，就让她做好了，要给孩子自己做事情的机会嘛。”

明明妈妈说：“小孩子能干什么，看着他笨手笨脚的，就忍不住自己来下手了。等他长大了，有的是干事的机会。”

司捷却不这样看，说：“你不给孩子机会，就是限制了他的发展。他们的成长不仅仅需要吃喝穿戴，还需要通过动手动脑来进行自我开发潜能。给孩子机会，他们的身心才能得到充分的锻炼，学到生存技能。有些技能不是靠他人教的，而是自己悟出的。”

明明妈妈看着儿子在爱不释手地抚摸着小喷壶，过去说道：“宝贝儿，从今天起，你就当妈妈的小助手，什么事情都让你帮着做哦！”

吕姐爱心课堂

孩子的发展，主要靠不断地实践，不断地接触新鲜事物，只有这样，他们才能通过观察认知这个世界，通过动手动脑，培养自己的技能。可以说，孩子是通过自己的努力来自主学习的。如果没有动手的机会，就不可能产生观察与思考，不利于孩子的成长与发展。

斯宾塞认为：“我提倡多给孩子一些机会。当然，孩子能否把握住机遇，怎样运用这次机会，完全由孩子的特点决定。但是如果没有给他们机会，任何结果都不会有。”所以，给孩子机会，就是给予了他们无限的可能。

可是，在现实生活当中，像明明妈妈这样的父母不在少数，他们有许多不让孩子参与做事的借口，如怕弄脏了衣服，弄坏了物品，孩子还小，干不了什么，等等。总之，就是不给孩子任何做事情的机会。

机会，对孩子来说非常重要。只有给孩子机会，才能使他们的能力获得锻炼和提高；只有给孩子机会，才能让他们找到自己的差距和不足；只有给孩子机会，才能使他们体验到成功的喜悦，从而对自己更加充满信心。如果孩子从小就生活在一个得不到任何机会的不公平的环境里，认为机会只是少数人的而不属于自己，这样，他未来走入社会后，也会带着这样的想法。当机会来临时，他就会缺乏主动争取的意识，机会很可能就会眼睁睁地从身边溜走。因此，父母应努力为孩子提供各种可能性，并尽力为他创造种种机会。

每个孩子都是一个奇迹，关键在于父母如何去引导。多给孩子一些机会吧，也许你正在收获希望。

斯宾塞支招DIY

机会总是青睐那些有准备的人，所以，父母要为孩子创造各种机会，进而培养他们把握机遇、创造机遇的能力。

●**多给孩子创造机会。**孩子有什么特长，尽量多给他创造展示自己特长的机会。如孩子唱歌很棒，就多鼓励他在人前展示自己的歌喉。如果孩子喜欢画画，就为其提供必要的材料，供他绘画用。有了作品，最好贴在家里最醒目的位置，向来宾予以展示。这样，可以强化孩子的兴趣爱好，提高学习创作的积极性。

●**不要为孩子代劳。**孩子自己能解决的事情，父母就无须再去操心。如孩子起床，父母就要为他们穿好衣服；孩子想帮妈妈洗衣服，不允许他们动手。孩子是喜欢自己做事情的，他们对帮忙的父母说“不”，就是一种强烈的自我做事的意识。父母过分包办代替，无疑是在不知不觉中剥夺了孩子独立成长的机会，会使孩子产生自己无能、愚蠢的观念，导致孩子自信心不足。

●**让孩子懂得把握机会。**机会经常会出现在身边，只有那些善于发现它、利用它的人，才能取得最后的成功。在引导孩子做事情时，还要向他们灌输不要向困难低头的意识，让孩子认识到自己的价值，意识到自己是最棒的，锻炼孩子战胜困难的勇气和信心。只有这样，他们才能善于寻找和把握机会走出逆境，获取最后的成功。

●**教孩子学会为自己争取机会。**要让孩子懂得机会的得来，不是靠等待，而是靠争取。只有努力争取，才会使不可能变为可能。如大胆地举手发言，积极参加各种活动，参与竞选班干部，等等。平时应教育孩子不要轻言放弃，培养孩子自信、自强的精神品质。

●**为机会做好准备。**告诉孩子，没有平时的努力和不断积累，同样得不到机会的青睐。如老师要求小朋友帮他分发食物、整理图书，如果平时缺乏锻炼，做不好事情，机会来临时，同样会从身边悄悄溜走。

斯宾塞小语

我提倡多给孩子一些机会。当然，孩子能否把握住机遇，怎样运用这次机会，完全由孩子的特点决定。但是如果没有给他们机会，任何结果都不会有。

我的时间，我做主

给孩子自由支配的时间，可以帮助他们有效地利用时间，发现生活的乐趣，并激发各种潜能。只有成为自己时间的主人，孩子才能生活得更轻松、更快乐。

故事的天空

吃完晚饭，6岁的亮亮跑到厨房，拉着正忙着洗碗的妈妈的衣角，说："妈妈，我和琳琳他们说好了，吃完饭去楼下玩沙包。"

妈妈头都不扭一下，拒绝道："不行，你要把《小猫钓鱼》第三自然段背会才能出去。"

亮亮央求道："就玩一小会儿，回来就去背《小猫钓鱼》。"

妈妈板着脸孔训斥道："不行，就是不行，必须按照规定的时间去执行。"

亮亮很失望地走出厨房，跑到阳台上向楼下看去，琳琳和阳阳、华华已经开始扔沙包了。琳琳抬头看到了亮亮，向他招手，示意他赶快下楼来一起玩。亮亮无奈地对琳琳摆着手，无言地告诉她，约好的事情泡汤了。

妈妈在厨房收拾完，看到亮亮还站在阳台上向下"观战"，走过来吼道："你这孩子玩心怎么这样大呢，快回房间给我背书去。"

亮亮很不情愿地离开阳台，坐在自己的小书桌前，一边翻看着彩绘的图书，一边盯着上面的字嘟嘟囔囔着。

过了好一会儿，妈妈过来检查成果，

结果很不理想，亮亮磕磕巴巴了半天，也没有把第三自然段背熟练。

妈妈很生气，命令他继续下去，直到背诵熟练为止。

坐在客厅看报纸的爸爸放下手中的报纸，对生气的妻子说："强人所难，很难有成效的。他现在心思不在背书上，怎么有可能令你满意呢？"

妈妈开始埋怨爸爸，说："都是你惯孩子，他想干什么就干什么，都该上学前班了，还不收收心把心思放到学习上怎么行！"

爸爸无语了，知道和她再说下去就该吵架了，只好拿起报纸继续看报。

吕姐爱心课堂

有经验的父母都知道，要想让孩子快乐，就先满足他的愿望，让他自己决定什么时间玩耍，什么时间学习。孩子有了自主支配的权利和自由，才能按照自己的意愿安排好玩耍和学习的时间。这样，他们才能玩得痛快，学得有动力、有激情，取得的效果自然好。

可是在现实生活中，孩子们的时间通常都是由父母计划安排好的。"让他们自己安排时间，那还不得玩疯了？""小孩子哪有时间观念，他们怎么会合理安排呢？"几乎所有的父母都会提出这样的疑问。孩子不会科学安排时间，父母可以帮助和引导他们慢慢学会，可是父母不给他们自由安排自己时间的权利，让孩子在父母的支配和控制下，被动地、闷闷不乐地去做事，可想而知，在这种心情下，他们做事的成效是不会理想的。一切按照父母的意志行事，孩子没有自由活动的权利，还会极大地限制孩子身心的自由发展和对社会的适应能力。

对此，斯宾塞很有同感，他说："生活中这样的例子屡见不鲜，比如，孩子想上午玩，下午做作业，可是父母却强迫他上午一定要把作业做完，结果孩子做了，但他并不快乐。有的孩子甚至一生都没有选择的机会，一切都在父母的安排下生活，结果失去了发展和完善自己的机会。"

孩子是独立的个体，他们从小就有独立意识。父母应给予孩子尊重和理解，给他们自由支配自己时间的权利。让孩子学会合理、自主地安排时间，不仅是保证孩子身心健康的重要条件，还可以锻炼孩子的组织、计划能力，激发他们做事的主动性，使他们最大限度地发挥各种潜能。因此，不应做专制的父母，要让孩子成为自己时间的主人，使他们在自主支配时间中享受到自由的乐趣。

斯宾塞支招DIY

给孩子自由支配的时间，是奠定其幸福人生的根基。要让孩子生活得轻松快乐，不妨给他们自由支配时间的权利和机会，让他们自己决定先干什么、后干什么，这对他们今后主动适应社会生活，主动约束自己的行为，形成一定的时间观念，有着更深远的意义。

●**要极度信任孩子。**不要担心孩子不守诚信，玩耍过后不信守承诺。要充分信任孩子，只要给他们自主权，相信大部分孩子都能把握好自己的时间，按计划去做事情。

●**帮助孩子合理地安排时间。**由于孩子小，不懂得如何合理地安排时间，父母应给予他们引导和帮助。可以和他们一起制订时间表，内容包括什么时间起床、什么时间上学、什么时间写作业、什么时间玩游戏等，让孩子逐渐懂得珍惜时间，学会安排计划。

●**孩子的学习强迫不得。**学习也要安排在心情愉悦的时间来进行，父母最好遵从孩子的意愿，给孩子自己支配时间的权利。只要不出危险，可以让孩子自己安排最愿意做的事。

●**有张有弛、劳逸结合。**父母不要以自己的主观愿望强迫孩子无休止地机械式地去学习。过度地学习会使孩子产生厌学心理。合理安排作息时间，做到有张有弛、劳逸结合，孩子才能保持旺盛的精力和激情去学习。

●**学习时间和玩乐时间要分开。**在时间安排上，学习和玩耍要分开，有的孩子边写边玩，并不利于养成良好的习惯。到了玩耍的时间，就应该让他去玩，而到了学习时间，就应该收心学习。

斯宾塞小语

孩子的时间应该由他们自己来安排和支配，否则，即便孩子按照父母的意愿做了，他也并不快乐。有的孩子甚至一生都没有选择的机会，一切都在父母的安排下生活，结果失去了发展和完善自己的机会。

爸爸是你最快乐的玩伴

父爱不可缺失，有了爸爸的参与，孩子的游戏会更快乐、更有益。这样不仅可以满足孩子情感上的需求，更能从爸爸那里收获良好的性格、丰富的知识和经验。

故事的天空

在小区广场上，5岁的虎虎在和爸爸拼抢着足球，父子俩谁也不肯相让，为了把球抢到手，不惜趴在地上，最后还是虎虎占了个头小的优势，把球抢到了手，抱着足球跑到妈妈那里，要求为自己记上一分。

像这样的场面，是经常发生的事，妈妈总是担任裁判员的角色。

在他们父子俩疯玩的时候，有几位邻居驻足观战，一位老大妈觉得大人和孩子一样“疯”，会把孩子惯成没大没小的。还劝说着虎虎妈妈，大人要给孩子做出榜样。

虎虎妈妈笑着点头称谢，等老大妈走远了，又嘻嘻哈哈地鼓励着父子俩开战。她不认为和孩子一起玩有什么不好，一家人如此亲亲密密的，幸福着呢！孩子不仅没有惯出“臭毛病”来，反而很听话。

虎虎是很幸运的，父母一直是他的玩伴，特别是爸爸，简直和小伙伴一样，玩起来很公平的。

当一家三口都坐在广场的长椅上休息时，妈妈把那位大妈的建议讲了出来，爸爸觉得在人多的广场上是有些不合适，便决定转移阵地，以后除了在家里玩，再到外边，就选择去郊区、去野外。

虎虎听说去野外，立即提出，到小河边打水仗。父母欣然同意，于是，一家人坐上公交车，向新的“战场”进发。

吕姐爱心课堂

在传统的观念里，爸爸要在孩子面前树立起威信，跟孩子嘻嘻哈哈地玩在一起，父不父，子不子的，成何体统？其实，爸爸做孩子的玩伴，不仅可以满足孩子情感上的需求，还能够更好地促进他们的心理发展。

在家庭教育中，父亲的角色是不可缺失的。斯宾塞认为：“父亲，是孩子通往外部世界的引路人。在孩子教育中，无论是性格培养，还是情感教育，无论是知识训练，还是道德、品质的培养，父亲都起着巨大的影响，好的和不好的影响都同样巨大。”

由于男性自身的特点，爸爸积极参与孩子的早期教育，能够更好地培养孩子许多优秀的品质，使孩子个性更全面地发展。爸爸大多喜欢和孩子玩一些运动性、技术性、智能性较强的游戏，这样会更好地促进孩子身体、智能和性格的发展。一般来说，孩子是从父亲身上获得面对外部世界的信心。父亲经常和孩子亲密接触，还会使孩子更有安全感和更自信。

可是在现实生活中，教育孩子似乎往往都是妈妈的事情，爸爸只是孩子的“大钱包”，主要任务就是在外面多多赚钱，给孩子买好东西。孩子更多接触的是妈妈，和爸爸在一起的时间很少。这是不利于孩子成长的。如果没有爸爸的影响，男孩子长期在女性环境中生活，就会形成男孩女性化的倾向，缺少“阳刚之气”，变得软弱、胆怯、不自信、缺乏独立性。而对于女孩来说，她们需要从父亲身上学习认识男性，学习与异性的交往。父爱的缺失，会导致她们在青春期与异性交往上出现一系列的问题。

爸爸除了是孩子的游戏伙伴，还是一个心理调节者、智力启发者，孩子可以从爸爸那里获取更多的知识、经验、想象力和创造意识，有利于激发孩子的勇气和自信。如果说妈妈给予了孩子一颗充满爱和温暖的心，那么爸爸给予孩子的就是强健的体魄和坚毅、果敢的力量。所以，无论工作多么紧张，爸爸也要抽出时间和孩子一起多交流、多沟通，成为他们快乐的玩伴和好朋友，千万不要因为过于忙碌而疏忽了对孩子的教养。

斯宾塞支招DIY

在孩子的成长过程中，爸爸是不能缺席的。父亲对孩子的影响，无须苍白无力的说教，不妨从游戏开始，用实际行动去影响孩子，让他们在潜移默化中不断地完善人格，身心更健康、全面地发展。

●**成为孩子的好朋友。**要想成为孩子的玩伴，先得成为孩子的朋友。而成为孩子的朋友，就要放下身段，把自己“还原成”孩子，用孩子世界的规则与他们进行交流，孩子才能视爸爸为朋友，而不是高高在上的“统治者”。

●**把更多的时间给孩子。**与孩子在一起，少了世俗的羁绊，也是一种修身养性。除了工作，把应酬的时间换到与孩子一起“争锋”，在密切亲子关系的同时，也无形中影响了孩子，把自己的男人性格“传染”给他们。

●**在玩耍中引导孩子。**游戏也是有规则的，而规则是要大家共同遵守的。如有的孩子“输不起”，这时，爸爸就要用规则让孩子改变他们这种以自我为中心的想法，引导他们正确看待输赢。使原本极其复杂的大道理，通过游戏的形式，变得深入浅出，易于孩子理解和愉快地接受，并在内心形成稳固的观念。

●**爸爸要真正了解孩子。**与孩子打成一片并非易事，爸爸要全面透彻地了解孩子，如他最好的朋友是谁，他最喜欢的玩具是什么，最爱看的动画片是哪一部，正在学习什么知识，等等。千万不要做出对孩子有忌讳的事情，如不尊重他的小伙伴，看不透孩子内心真实的想法等。

斯宾塞小语

由于父亲在身体、气质和思维上的特点，很容易被孩子当作心中的偶像。孩子也总从父亲身上获得面对外部世界的信心。父亲经常和孩子亲密接触，孩子会变得更有安全感和更自信。我希望父亲们用自己的人生经验，用自己所赏识的教养，经常像朋友一样与孩子交流。

积极地暗示，点燃孩子生命和智慧的火把

积极的暗示有利于融洽亲子之间的关系，使教育含蓄委婉。孩子受到正面的影响和激励，会在不知不觉中接受父母的观点和意见，从而获得战胜困难的勇气和快乐成长的动力。

故事的天空

周末，袁红在超市遇到了好友杨艳领着4岁的儿子光光，一阵热聊后没有尽兴，相约一起到杨艳家去吃午饭，再度过一段美妙的下午时光。

一行三人拎着购买的蔬菜和熟食往杨艳家走去，光光像一个开路小先锋一样，张开双臂，嘴里嘟嘟地叫喊着，一路向前跑去。等小家伙跑累了，便又回到妈妈身边老老实实地走路。

妈妈故意示弱地对儿子说："宝贝儿，妈妈拎不动手里的青椒了。"

袁红瞄了一眼杨艳手里的青椒，总共三颗，还没有一斤重呢，怎么就拎不动了呢？

光光自豪地说："妈妈，让我来吧。"说完，接过妈妈手里的塑料袋，欢快地向家的方向跑去。

袁红笑着说："你可真会装，还说自己拎不动了，干脆直接说让孩子帮你不就行了？"

光光妈妈说："这叫暗示，效果比直接说更好啊。"

回到家后，光光妈妈故意夸儿子能

干，是妈妈的小帮手，结果小家伙在厨房里一直帮着忙活到饭菜上桌。

饭后，光光妈妈对袁红说："你没有见识过光光画画吧，可棒了，特别是画起灰太狼来，像极了。"

袁红赶紧笑着说："不知道我有没有眼福，看咱们小光光画一幅灰太狼啊？"

小家伙点点头，跑到自己的小房间去拿彩笔和画纸去了。

两个大人会意地相视一笑，准备欣赏小画家作画时的风采。

吕姐爱心课堂

在教育孩子的过程当中，经常看到或听到父母不是采用命令的口气，就是采取说理的方法来要求孩子去做事情。其实，积极的暗示是一种简单而又实用的方法。孩子从这些暗示中，可以读懂父母对他们的爱和期望，从而能主动自觉、心甘情愿地配合父母做事情，并且能高质量完成任务。

斯宾塞说："积极的暗示，特别是来自亲人、朋友或老师的暗示，几乎肯定会对孩子在心理和心智方面产生良好的作用。我认为孩子从幼儿到少年这个期间，暗示就像点燃他们生命和智慧的火把。它可以把平淡的生活照亮，把无目的的漫游变成有理想的追求。"

暗示是指通过语言、手势、表情等向孩子施加心理影响的过程，它能使孩子心境、情绪、兴趣、意志等方面在潜意识中发生变化。这种教育方法最大的特点就是在潜移默化、不知不觉中影响孩子稚嫩的心灵。当然，暗示也分积极暗示和消极暗示。积极的暗示就像润物细无声的春雨，它悄悄地滋润着孩子的心田，能促进孩子健康成长，培养良好的性格和心态。而消极的暗示，则是孩子心灵的腐蚀剂，除了让孩子情绪低落、产生自卑和自弃心理外，还可能误导孩子接受某种错误的信息或概念。

与说理教育相比，积极的暗示更有利于融洽亲子之间的关系，能使孩子在愉快的情境中，自觉地接受教育。暗示对孩子来说，越是早期，越有较深远的作用。暗示者与孩子的关系越亲密，作用越明显。因此，父母不妨多用积极的暗示来教育和引导孩子，不动声色地、适时地对他们施以良好的影响，以使孩子体验积极的情绪情感，从而使其思想、行为与父母的期望相符。

斯宾塞支招DIY

爱孩子，不妨善用良好的"暗示"吧，一句由衷的赞叹，一抹会心的微笑，一个热情的拥抱，都会对孩子产生积极的影响，在纯洁无瑕的心灵中催生出快乐成长的花朵。

●**倾注真挚的情感。**只有无私的爱，才能真正发现对孩子有益、有用的暗示。它有时是发现孩子在某方面的潜能，有时是对他性格中优秀成分的敏锐捕捉，有时是对他智力的真诚赞美。所以，父母要从关注孩子的角度出发，用真情实感与孩子进行相处。

●**暗示不是夸张和对缺点的掩饰。**许多父母为了鼓励孩子，在对孩子进行暗示时，常常会有夸大和期望的成分。但如果对孩子很明显的缺点也大加赞赏，则会养成孩子在品质上的一些不良习惯，如不顾事实、一味好胜、缺乏对真理的必要的谦卑等。这样的暗示与消极暗示所带来的坏处一样，不利于孩子的健康成长。

●**引起孩子身心愉悦的暗示才能起到最佳的作用。**暗示的作用，就是以激励为主，让孩子愉快地接受。容易引起孩子情绪不佳的暗示不可取，会导致副作用的出现。最好不要用“你真是太笨了”“这孩子就是不听话”，而是用“我相信你下次会做得更好”“你一直就是我最可爱的孩子”等话语来进行暗示。

●**暗示要在孩子轻松的状态下进行。**采用心理暗示来影响孩子时，要做到自然贴切、不露痕迹，让孩子在无意中不知不觉地接受。所以，最好选择在孩子很轻松的状态下进行。

●**巧妙的暗示方法。**暗示的方法有很多，父母可根据每个孩子的特点以及当时的具体情形，来运用不同的暗示方法。常用的暗示方法有言语暗示、动作暗示、表情暗示、眼神暗示、榜样暗示等。如当孩子在学习或听父母讲故事时，途中用手搞起小动作，最好不要开口批评他，而是用眼睛紧盯着他的小手，用眼神暗示他停止；发现孩子坐姿不正，可以面对孩子做几个挺胸的动作，让孩子接受这种动作暗示；孩子不自己叠被子，妈妈可以用语言暗示他“邻居家的明明真乖，每天都是自己叠被子”。相信这些巧妙的暗示，一定能对孩子起到良好的教育作用，使孩子愉快地接受并改正。

●**让孩子学会快乐的自我暗示。**积极的暗示能给人带来愉悦的情绪，为了让孩子更快乐、更自信，拥有更阳光的心态，要教会孩子进行积极的自我暗示，如大声说“我真棒”“我能行”“我很有信心，我有力量”“今天我很快乐”等。这样的话会像魔咒一样，使他们发生神奇的改变。

斯宾塞小语

积极的暗示会对孩子心理和心智方面产生良好的作用。它就像点燃孩子生命和智慧的火把，可以把平淡的生活照亮，把无目的的漫游变成有理想的追求。孩子们从这些暗示中，隐约可以看见未来的曙光，各种阻碍他们心智发展的不快乐的阴影就会消除。

一同享受快乐的用餐时光

全家人一同进餐，会让孩子更加健康和快乐，学习成绩也会更出色。所以，无论工作有多忙碌，父母也要抽出时间，尽可能多地同孩子一起用餐。

故事的天空

吃晚饭的时间到了，6岁的军军在厨房和餐厅之间穿梭着，别看年纪小，能顶一个大人使用了，晚餐的四菜一汤，可都是军军端上餐桌的。

当妈妈擦着双手，笑吟吟地从厨房走出，爸爸已经把班得瑞的轻音乐《马可波罗》播放出来，军军也已经就位，一家人开始享受快乐的用餐时光。

不要以为军军家是有了什么重大的庆祝活动，才搞得如此温馨浪漫。他们每一天都是这样度过的。

进餐时间，军军想起了学前班里的一件趣事，说："我的同桌周小雨可搞笑了，她看到李玉玉能把树叶吹响，就说没什么了不起的，她能把习字本吹响，结果吹了半天，习字本的纸边都被唾沫浸湿了，也没吹响，太好笑了。"

爸爸把嘴里的青椒咽下去，启发地说："这里有什么道理没有？"

军军想了想，摇摇头。

妈妈也加入进来，说："能吹响的东西有很多，可是需要找到窍门才行。"

军军听后，来了兴趣，说："等吃完饭，我去查查《万事小窍门》。"他也想表现一下自己的才能，在同学面前露一手。

就这方面的问题，一家三口展开了热烈的讨论，一顿饭吃下来虽然时间长了一点，可是一家人其乐融融的，着实是一种美妙的享受。

吕姐爱心课堂

生活犹如一部快乐的连续剧，每一天都要有快乐的情绪在其中。全家人利用一起用餐的短暂时光，共享生活的美好，用快乐的心情感染家人，会增进家庭和谐，是美满家庭必不可缺的精彩部分。

斯宾塞曾问小斯宾塞："你生活中最美好的生活片段是什么？"小斯宾塞回答道："是每天晚上我们聚在餐桌前，一起祈祷、一起闲聊的时候。"为此，斯宾塞把"珍惜全家一起用餐的时光"作为斯宾塞快乐教育中极其重要的一条。并很好地利用一起进餐的时机，用快乐的情绪来感染小斯宾塞。

全家人一起快乐进餐，收获的不仅仅是营养，更是家人间亲密的情感，且对孩子的学习、性格、习惯及道德品质的培养都有良好的促进作用。在餐桌上，大家聊聊彼此的见闻和有趣的新鲜事，会使心情更加轻松愉悦。餐桌还是一个家庭塑造自己特征和文化的最好地方，全家人一起吃饭，能够教会孩子如何成为家庭的一员，使他们学会遵从某种行为准则，而不是只考虑自己的喜好。在餐桌上，孩子还能学会如何倾听他人的烦恼，尊重他人的意见。

可是在现实生活中，一些父母由于工作缘故，很少有机会同孩子坐下来好好吃顿饭。即便能一起进餐，更多的也是抓紧机会进行"餐桌教子"，如"今天表现得怎么样啊""安排的作业完成了没有"，看到孩子成绩不如意，严厉地批评指责。有的父母还把在外边的不良情绪带回家，对孩子横挑鼻子竖挑眼，或是夫妻之间由于意见分歧而吵架拌嘴等。试想，这样的就餐环境，孩子又哪来的快乐情绪？不要说心理和精神上的营养，就连饭菜中的营养也难以吸收得到。餐桌虽小，也是一个温馨而快乐的"舞台"，进食原本就是一种享受，如果在相拥美餐时，再加上温馨而浪漫的气氛，无疑是一种利于孩子健康成长的"佐料"。

一同享受快乐的用餐时光并不难做到，也无须特别地制造浪漫的氛围，只要一家人开心地围坐在一起，心情愉悦就可以了。和孩子分享一顿饭菜，孩子也会和你分享他们日常生活里的点点滴滴。这可是了解孩子动态的好时机，一定不要错过全家人共同就餐的美妙时光。

斯宾塞支招DIY

一个家庭应该珍视全家人在一起用餐的时光。边吃饭边轻松地闲聊，说说一天中的开心事，夸夸孩子的表现，这可能比帮孩子报多少个兴趣班都有成效。

●**避免一切打扰。**准备吃饭前，收起所有的玩具，以免孩子边吃边玩。电视机也最好关掉，或是将电视、电话的搅扰减到最低限度，父母也不要在吃饭时看书、看报纸。让孩子将注意力集中在餐桌上。

●**营造愉快的就餐氛围。**为了更愉快地享受进餐好时光，父母不妨营造一个温馨的就餐氛围，创造轻松愉快的就餐环境，如在餐厅里摆上一些鲜花，铺上色彩温馨的有漂亮图案的桌布，播放轻柔舒缓的音乐，等等。

●**选择孩子感兴趣的话题。**与孩子共同进餐时，并非无所不谈，应该选择那些孩子感兴趣的话题。如每个人一天中最开心的事，孩子与小伙伴的趣事，讨论出游计划，谈论一下孩子最近看过的书或喜欢的动画片，等等，这会使孩子积极地参与其中，觉得父母和自己很贴心。否则，谈些与孩子无关的话题，会使他们觉得无趣，而失去谈兴。

●**认真地倾听孩子。**很多父母认为在餐桌上说话是不对的，其实，愉快地交谈不仅无害，反而有利。试想，当孩子兴致勃勃说话的时候，父母非但不愿意听，而且还时常打断，让他好好吃饭，这让孩子多扫兴啊！所以，父母要做出一副饶有兴致倾听的样子，使他们感到自己受重视、被尊重。

●**不要在餐桌上批评孩子。**在用餐时，千万不要批评孩子，即便孩子有某些错误，也要改在其他时间去与其沟通。孩子不开心，就破坏了用餐的快乐氛围，且不利于孩子对食物的消化与吸收。

斯宾塞小语

一家人在一起吃饭时的气氛就是测量计，它能从家人之间是争论还是聊天、是称赞还是训斥中，看出这个家庭是越来越疏远，还是越来越亲近。

驱除不快乐的小虫

快乐，才能使孩子更加幸福地生活、茁壮地成长。父母不仅要做好孩子的引路人，还要帮助孩子驱逐心中的不快，为他们扫清成长道路上的所有阴霾。

阅读时间：25 分钟　　受益指数：★★★★

同情孩子的不开心

对于孩子的不快乐，父母应时常抱以理解之心，帮助和引导他们排除心中的不适，以使孩子健康快乐地度过每一天。

故事的天空

4岁的默默坐在阳台里的小椅子上发呆，即使窗外的小鸟叽叽喳喳地欢叫着，也没能吸引他抬头与小鸟打招呼。

妈妈做完家务过来陪儿子，第一眼就发现默默不快活的样子。妈妈没有立即过去打扰他，先是回想了一下今天的整个活动内容，检讨着哪里有令儿子不快活的言辞或动作，当没有发现外在的原因后，妈妈决定和儿子聊聊天，帮助他驱除心中的不快。

此时，默默开始双手托腮，陷入了深思。

妈妈走到儿子面前，蹲下身来，欢快地说："嘿，窗外的小鸟都在叫你哪。"

默默抬头看着窗外，没有做声。

妈妈把儿子揽在怀里，亲了一下他的小脸蛋儿，关切地问："是谁惹咱们小默默生气了，是窗外的小鸟没有来问候吗？"

默默摇摇头，说："刚才，红红说了我坏话。"

妈妈想起一个小时前，默默去找邻居家的红红一起玩耍，难道说两个孩子闹了矛盾？于是她把儿子抱到客厅的沙发上，问起了缘由。

原来，默默和红红一起在楼下拍皮球，玩得兴起时，他手脚并用，红红说："皮球是拍的，足球才可以用脚去踢，连这个都不懂，真是'大笨蛋'！"

妈妈弄明白了儿子的心结，深表同情地说："红红说你笨，你一定很难过吧？要是别人这样说我，我也会难过的。"

默默听妈妈这样说，心里好受了些。

妈妈接着开导："可红红说得也没错，拍皮球的游戏用手才对，用脚踢算是犯规了。"

默默忽闪着大眼睛点点头。

妈妈拍着他的小脑袋，愉悦地说："好了，明天再去找红红玩皮球的时候，一定不要用你的小脚丫去踢喽！"

默默咧开小嘴舒心地笑了，一下子跳到地上，跑到阳台去找小鸟说话去了。

吕姐爱心课堂

孩子的情感世界是很丰富的，有了不开心的事情，就会表现出来。对于孩子的不开心，父母一定要及早发现，并给予理解和开导，只有这样，才能保证他们快乐常在，快乐地度过纯真的童年时代。

引起孩子不开心的原因有很多，如被别人误解，小伙伴之间发生了矛盾，学习中遇到了困难，生活中遭受了挫折，等等。对于孩子的不快，父母一定要有同情心，给孩子情感上的支援。斯宾塞总结道："教育中一个重要原则，就是对孩子要有同情心，这是孩子在受到精神和肉体上的伤害时的一道神奇的阳光。"

许多父母一定会说："父母难道会对自己的孩子没有同情心？"是的，对孩子缺乏同情心的父母大有人在。如果一个邻居在下楼时不小心摔倒了，你一定会很体贴地问他疼不疼，需要的话还要赶紧带他去医院包扎。可是，当自己的孩子在玩耍时受了点轻伤，有的父母首先会责骂一番："跟你说过多少次了，你怎么总是不听话？"

一个同事工作中出现了失误，大家一定会安慰他："没关系，下次注意就好了。"可如果孩子在考试中没有取得令父母满意的成绩，他得到的可能是一通数落，甚至是打骂。往往正是这样的不同情，会深深地伤害孩子的感情和自信心。

当然，对孩子要有同情心，并不是说对孩子的一些错误或过失不进行指导和管教，只是在这些活动中应对他们抱有同情心。由于孩子小，心智不成熟，遇到困难和挫折容易成为心病，如果不及时帮助他们排除心中的不快，会对他们的心理发展和性格形成产生很大的影响。所以，父母应该时常以同情之心，去体会孩子在各种境遇中的不快乐，一旦知晓了他们不快乐的原因，要想帮助孩子解决问题就容易多了。

斯宾塞支招DIY

父母是孩子最信任、最值得依赖的人，当孩子有了不快，父母应该及时予以排解，帮助孩子回归到快乐的童真童趣中。

●**认真倾听孩子的倾诉。**当孩子主动向父母诉说心中的苦闷时，父母一定要认真倾听，鼓励孩子说出自己内心的感受。千万不要认为小孩子，没有什么大不了的事情，对孩子的诉苦敷衍塞责或干脆把孩子打发走。而是应给孩子极大的关爱，使孩子感受到自己不是孤立无援的。

●**理解和接纳孩子的感受。**当孩子心情不好或受了委屈时，父母应理解和接纳他们的感受，对孩子的不开心给予同情。如告诉孩子"被老师误解一定觉得很难过""小朋友踩了你的脚，很疼吧"，这会使他们感到父母的体贴和理解，自己的不开心有人一起分担，心中的不快就会很快被驱逐或缓解。

●**让孩子学会发泄不满。**孩子有了不良情绪，往往会出现一些发泄的举止，如发脾气、摔枕头、踢玩具等。此时，父母不必强行制止，应该让孩子的不满情绪得以发泄，适当地发泄有利于孩子心理上的放松。父母可以引导孩子学会正确、合理地发泄，如大声喊叫、哭泣、快跑、蹦蹦跳跳等。

●**静静地传达你的爱。**当孩子遇到不开心的事情时，有时不想说话，父母可以用动作和感情向孩子表达爱。拥抱着孩子，安静地陪在他们身边，向他们传达这样一种信息：我知道你很难过，我就在这里陪着你，和你一起渡过这个难关。这会使孩子感受到父母是理解自己、爱自己的。

●**别责备孩子。**孩子本来就心存不快，此时责备并不能纠正孩子的行为，反而让孩子感觉更加沮丧，自信心也随之降低。这种做法，无疑是在火上浇油，会使孩子更加不快。最好的方法是，让孩子独自安静一会儿，然后陪孩子玩游戏，转移他的视线，使心中的不快渐渐消散。

斯宾塞小语

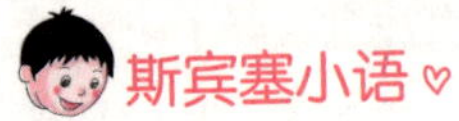

教育中一个重要原则，就是对孩子要有同情心，这是孩子在受到精神和肉体上的伤害时的一道神奇的阳光。

爸妈私房话

别把坏情绪带回家

父母要管控好自己的情绪，不管自己的心情好坏，对孩子都要一如既往地给予极大的关爱。使孩子感到父母永远在爱着自己、关心着自己，从而给孩子一种稳定感、安全感和信任感。

故事的天空

窗外，华灯初上，大街上涌动着车流人流。安安妈妈已经做好了饭菜，站在阳台上看了一眼街景，算计着安安爸爸还有多少时间进家门。

4岁的安安在客厅里喊着："妈妈，快点啊，拍手的游戏开始了。"

妈妈赶紧抽身回到客厅，坐在沙发上边和女儿玩拍手的游戏，边等丈夫进门吃饭。

当钥匙插在锁孔中时，安安立即停止了游戏，嘴里欢愉地喊着："爸爸回来了！爸爸回来了！"

往常爸爸进门时，总是先冲等候在客厅里的妻女笑着打声招呼，才开始换鞋。这次却不同，非但没有热情地打招呼，还一脸的阴沉。

安安妈妈赶紧过去，边接过丈夫手里的公文包，边给他使眼色，示意不要让孩子失望。

安安爸爸立即醒悟，赶紧换好拖鞋，像以往那样，过去给女儿一个拥抱，然后高高举起，让安安作小鸟

飞翔状。接下来，父女坐在沙发里你揪我扯地亲热着。

当妈妈麻利地把饭菜端上来，一家人高高兴兴地坐在一起快乐地吃晚餐。

餐后，趁女儿看动画片之际，妈妈关切地悄声问丈夫："怎么回事儿，工作上遇到了麻烦？"

安安爸爸说："一个客户很刁蛮，临下班时吵了一架，简直快气死我了。"

安安妈妈靠近丈夫，说："现在心情好多了吧？"

安安爸爸拍拍妻子的肩头，歉意地说："多亏了你的提醒，差点让安安失望。"

安安妈妈笑了，说："以后无论遇到什么样的麻烦事，都不要把坏情绪带回到家，这对孩子影响是很大的。"

安安爸爸点点头，表示下一次不会这样了。

吕姐爱心课堂

家是一个温馨的港湾，对于孩子来说，父母的爱是无尽的享受。父母的情绪变化，时刻牵动和影响着他们。斯宾塞说："有时孩子就像一面镜子，他能反射出成人的一切情绪。你快乐，他也快乐；你暴躁，他也暴躁……"

当今社会竞争激烈，人们生活和工作的压力比较大，难免会有心情不顺的时候，但是，当你走出办公室的那一刻，就应该把烦躁、焦虑、紧张等不快的心绪进行清理，千万不要把不良的情绪带回家。情绪极具暗示感染力，任何一种情绪都会向四周辐射，影响到他人的情绪。家庭中某一成员的情绪好坏，会使其他成员直接受到"传染"。这种情绪又会反射出去，于是就形成了轻松愉快或是沉闷压抑的不同的家庭气氛。

孩子是从周围的环境里来认知这个世界，从成人的一举一动当中模仿为人处世。父母管理不好自己的情绪，对孩子忽冷忽热，不利于孩子建立正常健康的心理。对于来自父母的反复无常，会使孩子感到莫名其妙、无所适从。久而久之，会造成孩子在言行上优柔寡断，遇事无主见，还容易产生自卑心理。更糟糕的是，不利于亲子关系的密切，孩子从内心上难以和父母亲近起来。

家有孩子，就要为孩子的健康着想，最好不要把不良情绪带回家。在外面受了气回家发泄，不仅摆脱不了坏情绪，反而又影响了其他成员的心情，给原本温馨快乐的家庭环境注入了不快乐。不要以为孩子还很小，很多事情都不懂，其实，小小的人儿很善于捕捉大人脸上的信息，如果大人脸上显现出不快，孩子或多或少都能感受得到，从而影响到他们的心情，使孩子生活在不安之中。

不良情绪是可怕的毒气，是与温馨的家庭环境格格不入的。为了孩子的未来，父母要管控好自己的情绪。当走进家门的那一刻起，就要在脸上荡漾起春天般的笑容，让孩子始终生活在温暖而爱意浓浓的环境中。

斯宾塞支招DIY

父母对孩子的影响是最大的，如果孩子生活在不良情绪浓郁的家庭氛围中，原本快乐、纯真的天性就会被侵蚀，内心世界也会变得暗淡无光，这对孩子的身心发育极为不利。所以，无论工作或生活中遇到多大的烦心事，也不要让你的坏情绪影响到孩子，破坏家庭中的平静与祥和。

●**面带微笑回家。**如果在工作中心绪不佳，下班后不要马上回家，先稳定一下情绪，如和同事聊聊天，走在路上观看街景，在下班途中听听音乐，尽量把心中的不快“抖落”干净。当走到家门口的那一刻，请把微笑挂在脸上。

●**回家就要放下工作。**有的父母在工作时间里没有完成任务，匆忙赶回家后还要进行加班。这是不可取的，应该把工作和家庭生活分开。实在需要加班，最好在单位进行。一旦回到家里，就应该全身心放松，给家中增添更多的快乐氛围。

●**饭桌上不谈工作。**一家人围在一起吃饭时，多谈风趣轻松的话题。对工作上的事情绝口不提，尽量给孩子营造一个快乐的生活空间。

●**和孩子开心地玩耍。**即便遇到了不顺心的事情，回到家后仍要开心地和孩子在一起玩耍、嬉戏，这也是一种减压方法。在这个人世间，孩子的纯真就是最好的安慰剂，有了孩子的笑脸，还有什么坏情绪赶不开呢？

斯宾塞小语

孩子就像是一面镜子，他能反射出成人的一切情绪。你快乐，他也快乐；你暴躁，他也暴躁。为了让孩子拥有更多的快乐，父母应从改变自己开始，努力克制自己的情绪，教育孩子的时候也要尽量保持耐心。

不要让不快乐扼杀孩子的天赋

真正推动孩子智力发展的是兴趣，而兴趣在快乐的心境下才能最大化。让孩子每天都健康快乐，才是最好的教育方法。

故事的天空

4岁半的烁烁闷闷不乐地坐在小区广场的长椅上，百般无聊地用小手指抠着椅背。而其他几个孩子却正你追我赶地玩得热热闹闹。

柳叶阿姨看见小烁烁独自坐在一旁，过来关切地问："烁烁，怎么不去和他们一起玩呀。"

小家伙抬头望望跑跳着的小伙伴们，摇摇头。

柳叶阿姨坐在他的身边，柔声地说："怎么，你和他们吵架了？"

烁烁依旧是摇摇头。

柳叶阿姨伸手摸摸他的额头，说："是哪儿不舒服吗？"

烁烁抬起头，茫然地看着天空。

正当柳叶阿姨迷惑之际，烁烁妈妈匆匆地从小区外赶回来，两个邻居聊了起来。

原来，妈妈觉得让孩子上一个绘画班比较有前途，没准儿还能成为知名画家呢。可是，当妈妈征求他的意见时，小家伙把头摇得如同拨浪鼓一般，一百个不愿意，烁烁非要去学小制作。结果母子发生了争执，妈妈一气之下，把孩子推到广场上，自己去少年宫给孩子报美术班去了。

柳叶阿姨点点头，说："原来如此。"她招手把在广场上疯跑的女儿丫丫叫过来，让她带着烁烁一起玩耍去了。回过头来对烁烁妈妈说，"你也太不民主了，孩子不喜欢干的事情，即便逼着他去做了，他也是应付差事，根本提不起精神。你知道吗？孩子不快乐，会影响到许多方面的，如心理、学习兴趣等。"

烁烁妈妈说："我觉得小制作没有什么出息，即便搞出名堂，顶多就是一个工程师的料。"

柳叶阿姨说："瞧瞧，看你口气大的，你连技术员的水平都没有达到，还瞧不起工程师。其实，培养孩子，关键是激发他的兴趣，违背孩子意愿的事情尽量不做。对孩子乱发脾气，引起他们心中的不快，对什么都提不起劲儿来了，哪还有心思去想别的，这不利于他们成长啊。"

吕姐爱心课堂

每个孩子天生都或多或少拥有一些不同的禀赋，如有的孩子喜欢唱歌、跳舞，有的孩子喜欢绘画、书法，有的孩子在运动能力上独具优势，有的孩子则对大自然中的昆虫和小动物情有独钟，等等。无论孩子具有哪方面的天赋和特长，只要父母悉心引导，顺应孩子的天赋正确进行教育，孩子们大都能在兴趣的驱使下，充满快乐地求知，并充分发挥出自己的优势和长处。

当然，如果孩子不快乐，这一切又另当别论。孩子的天赋也许反而会成为他们成长过程中的绊脚石。正如斯宾塞所说："如果不消除孩子心中不快乐的东西，要想进行快乐教育是不可能的。而且，这种不快乐几乎会把孩子葬送掉。即使一个天才，也有可能会被不快乐所扼杀啊！"

快乐是孩子积极求知的源泉和动力。只有在轻松、愉悦的氛围中，他们的各种潜能才会被激发出来。如果孩子处于情绪紧张不快乐时，他的潜能又如何能得以发挥？当自信心大打折扣、兴趣了无时，孩子也就不可能再有什么动力去做事情了。一个天才，有可能就被扼杀在摇篮之中，从而成为一个普普通通、无所作为的人。

孩子正值天真无邪的年龄，本该是不知愁滋味的，如果不是来自父母的各种压力，相信每一个孩子都会是快乐的。导致孩子不快乐的原因有许多，如父母强迫孩子学他们不喜欢的知识，给孩子施加过大的压力，对孩子关注不够，剥夺他们的自由，等等。孩子缺少了快乐，自然就会降低或终止他们的探索求知兴趣，从而影响到智力的发展。

在当今望子成龙、望女成凤的时代，没有一个父母想让孩子输在起跑线上。而能让孩子一路领先的最好方法，就是让他们拥有快乐。只有十足的快乐，才能使孩子的天赋潜能得到更好的发挥，也才能使他们更主动积极、充满自信地学习和生活。

斯宾塞支招DIY

让孩子快乐地生活，是父母的职责。为了孩子健康的成长，父母要善于发现孩子的天赋，并因势利导地给他们正确的引导，使他们在自己兴趣的驱使下快乐求知。

●**找出孩子不快乐的原因。**孩子容易出现情绪波动，当发现孩子不快乐时，父母要及时与孩子沟通，找出不快乐的因素，并调整不适宜的教育方法，尽快帮助孩子心态阳光起来。

●**不要强迫孩子的兴趣。**不能强迫孩子去做他们不喜欢做的事情，兴趣是需要培养的，而不是强迫来的。每个孩子的兴趣存在着个体差异，平时要对孩子的兴趣爱好有所了解，要根据他们的兴趣来选择特长项目。如果孩子喜欢运动，就不能强迫他按照父母的喜好坐下来学绘画。这样做只能导致孩子产生极度的厌恶感，甚至发展至情绪对立。

●**别让孩子完成父母的遗憾。**一些父母由于自己年轻时的愿望没有实现，便把所有的希望寄托在孩子身上，希望孩子实现他们无法完成的梦想。但是，这种心愿并不一定符合孩子的个性，无形中增加了孩子的压力和负担。以爱的名义强迫孩子来完成自己的愿望是不公平，也是不人道的。父母应尊重孩子生命的步调，顺应他们的天赋潜能与性情去发挥自己的特长。

●**多给孩子爱和关注。**孩子需要无限的爱来构建自己的心理城堡，父母要多给予孩子爱和关注，让孩子感受到家的温馨，体验生活的快乐。

斯宾塞小语♡

大量具有良好天赋的孩子，因为父母或老师不正当的教育方法，而使他们的天赋被扼杀。许多成年人以爱的名义对孩子所犯下的错误，结果却让孩子用一生的痛苦来承担。

孩子做错事，打还是不打

孩子有了错误不可怕，父母应该通过情感交流、讲道理、打比方让孩子认识到自己的错误，而不是依靠拳打脚踢来强迫他们去改错。

故事的天空

5岁的迪迪听到爸爸的吼叫声，吓得赶紧闭上了眼睛，本能地双手护住头，等待着爸爸的大手掌劈天盖地地袭来。这次比较幸运，及时的门铃声帮助他消灾解难了。

来客是爸爸单位的同事王叔叔，他一进门就说："老兄呐，同事了这么多年，向来都是和风细雨的，第一次听到你如此的怒吼，还真不敢相信。"

迪迪爸爸不好意思地笑了，把来客让到沙发上，尴尬地解释着说："你不知道，这孩子实在是太调皮了，总是给我到处闯祸，这不，同人家孩子一起玩耍，一把沙子扬到鲁鲁的头上，把眼睛都迷了，没办法，去了医院才搞定。"

王叔叔和蔼地拉过迪迪，说："迪迪不是故意的吧？"

迪迪有些委屈地说："我们在玩'下雨'的游戏，他们也用沙子往我的头上'下雨'呢。"

王叔叔说："以后游戏时，要注意安全。"然后亲昵地拍拍迪迪的头，说："玩去吧。"

等迪迪回到自己的房间里，王叔叔对迪迪爸爸劝道："打孩子不是一种好的教育方法，他们所犯的错误多是无意识的，

没必要武力解决。”

这时迪迪妈妈从外面回来了，接上话茬说：“谁说不是呢，我一阻止他打孩子，他就说是袒护。”

三个大人就孩子该不该打进行了一场辩论。最后，还是迪迪爸爸落了下风，悔悟地表示今后一定要改变教育作风，不再使用武力解决，而是以理服人，多和孩子交心，密切亲子关系。

吕姐爱心课堂

在传统的家庭教育中，打孩子现象是普遍存在的。理论依据是流传了千年的“棍棒底下出孝子”“不打不成才”。现在看来，这种教育方式不仅残酷，也是一种摧残，对孩子心灵的一种摧残。斯宾塞就不提倡通过体罚的方式来教育孩子，他认为：“用野蛮的办法，要培养出一个文明的绅士，这简直比登天还难；同样，用强制的、专制的方法，要培养一个开明的人也是如此。”

是的，打骂绝对培养不出人才来，其结果必定是庸才或者废才。因为经常受到父母毒打、呵斥、教训的孩子会形成强烈的反叛性格，很难融入团队中去，对合理的规则也会有天然的抵触。试问，哪个父母的初衷是让自己的孩子变得如此呢?

体罚教育不可取，它是孩子形成不良个性心理品质的诱发剂。孩子天性纯真，需要安慰、同情，需要在温暖的环境中成长。体罚不仅令孩子形成孤僻的性格，也容易形成自卑、胆怯、畏缩等不良心理品质。有些孩子慑于父母的压力，看似温顺听话，其实学会了“察言观色、见风转舵”的不良习惯，甚至学会了撒谎。打孩子，不仅不能让他们“心服口服”， 更会让孩子的内心感觉不到家庭的温暖，从心理上疏远父母。长此以往必将影响正常的亲子关系。

孩子的成长，也是要有磕磕绊绊的，他们总是在不断的犯错误和改正错误中长大。因此，父母要给予孩子理解和宽容，允许孩子犯错误，并正确地引导他们改正错误。教育孩子需要耐心、爱心和理解，打孩子绝对不是解决问题的最好方法，也不能起到真正的教育孩子的目的和作用。

斯宾塞支招DIY

体罚不可取，爱孩子就应该和他们交心，通过情感来拉近与孩子之间的距离。要允许孩子犯错误，给他们改正错误的机会，不要轻易动粗动怒，以免影响孩子的健康成长。

●**允许孩子犯错误。**孩子所犯错误，大多是因为心智不健全和缺乏经验造成的。

父母不能因此而责怪孩子，而是要有充分的心理准备，用爱心和耐心去尊重孩子，理解孩子，充分赢得孩子的信任。平时要给孩子更多的实践机会，让他们在实际行动中得到经验。必要时，还要给孩子做出正确的示范，使孩子掌握一定的技巧，以减少失误的机会。

●**给孩子申辩的机会。**无论出现什么样的错误，父母都要先了解情况，不能不问青红皂白就对孩子指责或打骂。应允许孩子申辩或解释，待弄清楚事情的来龙去脉后，再有针对性地对孩子进行教育。

●**父母应以理服人。**对于确实是孩子的主观原因造成的错误，父母应先给孩子讲明道理，让他们认识到所犯错误的危害和原因，并告诉他下次应该怎么做。当孩子一旦认识到自己的错误，便会顺从和接受父母的批评和帮助，他们也能从中体会到父母的关爱和家庭的温暖。这远比惩罚作用大。

●**孩子犯错，父母应先自检。**当孩子犯了错，父母应自检一下孩子犯错误的原因。如果是自己从来没有给孩子讲过一些道德原则，比如尊老爱幼、尊重他人权利等基本伦理，那么当孩子出现这种过失行为时，父母也要承担一部分教育之过错，所给予孩子的惩罚应该相应地减轻。

斯宾塞小语

用野蛮的办法，要培养出一个文明的绅士，这简直比登天还难；同样，用强制的、专制的方法，要培养一个开明的人也是如此。

你不是领导，少对孩子发号施令

不要轻易对孩子发号施令，要想孩子心悦诚服地接受批评或建议，最好采取协商的办法。当他们感到自己受到了平等对待，才能欣然地接纳父母的批评或引导。

故事的天空

周末，瑟瑟一家人很晚才起床。吃过早餐已经九点多了，妈妈在厨房收拾餐具，爸爸还想回到床上赖一会儿。4岁的瑟瑟在客厅的地板上摆开了战场，他把玩具东一只、西一只地散乱地放着，一会儿拿起小汽车玩一阵子，过一会儿又趴在地板上举着塑料手枪对着懒散的爸爸乱瞄着，嘴里发出“啪啪”的枪声。

这时，电话铃声响了起来，爸爸拿起电话嗯嗯啊啊了一阵子，大声地说：“非常欢迎！”然后撂下电话，对厨房里忙活的妻子说：“周初打来电话，说过一会儿上门拜访呢。”

瑟瑟妈妈从厨房里跑出来，有些着急地说：“嘿，这还没开始打扫卫生呢，你这哥们来得太突然了。”

瑟瑟爸爸说：“那就赶紧动手收拾吧。”

妈妈开始擦拭家具。

爸爸对儿子命令道：“瑟瑟，立即把你的玩具都收起来。”

瑟瑟抬头看了爸爸一眼，没有说话，低下头继续摆弄自己手里的玩具。

爸爸有些着急

了，提高了嗓门："没听见是怎么的，快点儿把玩具收起来，一会儿有客人来呢。"

瑟瑟有些不高兴了，坐在地板上就是不肯起身。

爸爸气呼呼地要过去把儿子从地板上提起来，被妈妈及时制止了，说由她来处理。爸爸才气恼地回房间去叠被子了。

妈妈蹲下来，柔声地对儿子说："宝贝儿，妈妈累了，你能尽快把这些玩具收起来，帮妈妈擦家具吗？"

瑟瑟点点头，听话地把散乱的玩具送回到玩具箱里，从妈妈手里拿起一块小抹布去擦茶几了。

爸爸出来一看，感到有些奇怪，对妻子说："我命令他都不管用，你用什么办法，竟然让他如此'卖命'？"

妈妈笑着说："你不是领导，孩子也不是你的下属，命令是不管用的。"

吕姐爱心课堂

有的父母在家里总喜欢摆摆为人父母的架子，对孩子呼来喝去，常用命令的口气对孩子说话："把我的拖鞋拿来！""赶紧把电视关掉！""不背会这首诗不准出去玩！"这种颐指气使的神情，着实在孩子面前很威风，但父母逐渐发现，孩子慢慢地对这些命令产生了"抗体"，常将一道又一道的命令当成耳旁风。

对于爱发号施令的父母，斯宾塞提出了这样的忠告："父母要对孩子少发命令，命令只有在其他方式不适用或失败时才能使用。要像一个善良的立法者一样，不会因为压迫人而高兴，而因为用不着压迫而高兴。在其他方法失去效果之前他不会去使用法律，而在非用法律不可的时候，他表示遗憾。"可是，现实生活中，父母对孩子发出的命令比对下属还要多，而且口气强硬，没有分辩的余地。

孩子不是跟屁虫，也不是应声筒，而是一个独立的个体。他们有自己的想法，也有强烈的自尊。父母经常用命令的口气对孩子说话，叫孩子做事，会使他们产生逆反心理和对抗情绪，很难收到预期的教育效果。在一般情况下，命令中考虑的大多是对父母的好处，而不是对孩子的好处，有的是为了给父母带来方便，有的是发泄父母的怨气。凡是那些服从父母命令做事的孩子，往往会缺乏主动性，易形成懦弱的性格。没有了创造探索的激情，怎么能利于孩子的成长？

对孩子发号施令可不是做父母的权利，这是无视孩子的意愿和权利的行为。随着孩子年龄的增长，他们有了独立自主的意识，更不会轻易听命于父母了。所以，千万不要以居高临下的命令姿态来教育孩子，要想让孩子心悦诚服地接受建议或指导，父母必须放弃命令的口气跟孩子说话，多从孩子的角度去思考问题，多听取孩子的意见。当孩子感觉自己受到了尊重，他才会欣然地接纳父母的教育或引导。

斯宾塞支招DIY

想让孩子乖乖听话，首先要感化他，而不是强迫他。孩子也有自己的想法，父母要多与孩子进行平等的对话，建立密切的亲子关系，只有这样他们才能积极主动地配合父母。

●**放下权威至上的观念。**父母习惯命令孩子做事，是权威至上心理在作祟，把孩子放到了从属的地位。这种观念一定要改一改，应把孩子当作平等的朋友，真正做到尊重孩子，不把自己的想法强加给孩子，只是提出想法和建议，让孩子自己选择。

●**协商会共赢。**在教育孩子的过程中，多一些商量的方式，容易使孩子改变对父母的抵触，从而使亲子间形成温馨友爱的氛围，孩子也会变得更加听话、懂事。如父母命令孩子去睡觉，他们可能置若罔闻，而用协商的口气对孩子说："这个玩具真好玩，可是时间不早了，咱们明天再玩吧。要不你再玩5分钟，就去睡觉，好吗？"这会使孩子感到受尊重，他们也就乐于听从父母的建议乖乖睡觉去了。

●**多替孩子想一想。**如果经常站在孩子的角度去考虑孩子的言语行为，父母就能找到与他们融洽沟通的渠道。尽量不要对孩子提出苛刻的要求，这等于是给他们出难题。如孩子动作迟缓，不是拖拉磨洋工，而是因为动作还不够熟练，即便父母着急上火，他们也不会加快进程的。

●**积极的暗示比命令更有效。**暗示是一种良好的教育手段，不会令孩子产生反感，只会让孩子更易于接受。父母应该多采取暗示的手法，来让孩子积极主动地完成任务。如孩子在公共场所大喊大叫，父母的一个把手指放在嘴边做"嘘"的动作，他可能就会安静下来。这远比大声命令他"停下来"有效得多。

●**发出的命令不能朝令夕改。**如果其他方式均不能奏效，而不得不使用命令时，就要有决断。一旦向孩子发出了命令，那是一定得让孩子服从的，不应该轻易变动，不要朝令夕改。否则，不利于孩子以后的教育。

斯宾塞小语

父母要对孩子少发命令，命令只有在其他方式不适用或失败时才能使用。要像一个善良的立法者一样，不会因为压迫人而高兴，而因为用不着压迫而高兴。在其他方法失去效果之前他不会去使用法律，而在非用法律不可的时候，他表示遗憾。

让孩子知悉家中的困境

当家庭出现重大变故，应该如实告诉孩子真相。让孩子一起来分担家庭的忧愁，对孩子也是一种锻炼。它可以培养孩子在遇到突发状况时的心理调节能力和应变能力，使他们变得更加成熟和坚强。

 故事的天空

近几天来，5岁的采采从幼儿园里一回来，就觉得父母的神色有些不对，脸上总是有些愁容。家中往日的欢乐气氛没有了，一进门感觉冷冷清清的，他懂事地尽量不出声，干什么都小心翼翼。

心细的妈妈发现孩子的情绪有些不对，赶紧和爸爸商量，最后决定把家里遇到的困难如实地讲给孩子，以免让孩子觉得父母不爱他了。

周末，一家人到郊区度假，父母一路上很开心地有说有笑，采采也被感染得心情大好。

中午野餐后，妈妈柔声地对儿子说："这几天你好像不开心啊！幼儿园里遇到了什么事情了吗？"

采采摇摇头："没有。"

爸爸借机说："这几天乡下的爷爷病了，需要许多钱。"

采采听后，担心地说："爷爷生病了？咱们去看爷爷吧。"

妈妈说："乖儿子，老家离这里很远，等放长假时才能去呢。前几天

爸爸和妈妈忙着给爷爷筹钱看病，没时间和你在一起玩儿。”

采采懂事地说：“没事的，我自己能玩，先给爷爷看病吧。”

由于解决了爷爷的看病款，也由于打消了采采的顾虑，父母敞开心扉，把家中所面临的困难都倾倒出来，得到了采采的理解。小家伙不再担心父母不爱自己了，反而变得更加懂事乖巧。

吕姐爱心课堂

家庭遇到变故，最好向孩子说明真相。很多父母遇到家庭问题时，大都会对孩子隐瞒，主要是出于担心孩子受到惊吓或打击，思想上背上包袱。斯宾塞认为：“事实上，父母完全可以不这样做，只要你讲述的时候富有信心，不夸大其词，孩子就不会被吓到，而且孩子也需要从这些事情中培养起生活的勇气。”

所以，家庭出现些许变故，没必要向孩子隐瞒。孩子也是家庭中的一分子，有必要让他们了解真相。让孩子了解家中的困境，有助于他们客观地认识、更好地接受生活的真实，可以成为孩子成长的契机。但如果对他们隐瞒事实或用善意的谎言掩盖事实，反而会引起孩子警觉多心。他们大多数时候会把问题想得更糟，甚至有不被重视的感觉。虽然说善意的谎言从动机上是好的，但效果未必最好。孩子的觉察能力是很强的，假如父母使用善意的谎言，过于敏感的孩子甚至会焦虑、失眠，慢慢变得敏感、多疑。他们会想方设法去弄清楚真相，反而给孩子带来了“麻烦”。

通过恰当的方式让孩子知道真相，可使家庭重大事件对孩子的影响减到最低，帮助孩子及早接受事实，积极调整心态。而隐瞒真相，反倒容易错过孩子应对重大事件的最佳适应期。

当然，在对孩子讲述时要讲究方式方法，尽量用平和的口吻，使孩子有一个逐渐接受事实的过程。不要夸大事实，更不要在孩子面前显得惊慌失措或是悲观失望。只是让孩子知道，家中暂时出现些困难，但这是可以克服的，并不影响家庭的正常运行，更不会影响到对孩子的爱。

斯宾塞支招DIY

生活的道路不是一帆风顺的，对于孩子来说，家庭出现变故，也是一种历练。所以，父母应尽量开诚布公地把真实情况告诉孩子，让他们从小就接受生活的洗礼。

●**不要剥夺孩子的知情权。**孩子也是家庭中的一员，有必要让他们随时了解家庭动态。让孩子一起来分担家庭的忧愁，也是一种锻炼，不要剥夺孩子的知情权，这样会让孩子错失锻炼抗挫能力的机会。

●**父母要减压。**家庭遇到危机，肯定会带来很大的精神压力，越是在这种时候，越要及时进行心理调整，不要在孩子面前显得愁眉苦脸的，更不能把无名火发在孩子身上。

●**注意讲述方式。**对孩子讲述家中变故时，可以通过一些有策略的方式引导孩子了解真实情况。能委婉诉说的，就不要直白，能轻描淡写的，就不要夸大事实。尽量让孩子平和地接受事实。

●**不妨让孩子参与进来。**如果家庭出现经济危机，可以让孩子参与制订共渡难关的计划，孩子不但不会抱怨，还会很通情达理地接受。

●**向孩子交心。**可以如实告诉孩子自己的心情和感受，这样可以引导孩子学会如何正确看待问题和困境，帮助他们建立自信心和责任感。同时，又使亲子关系更密切。

斯宾塞小语

让孩子了解家中的困境，有助于他们客观地认识、更好地接受生活的真实，可以成为孩子成长的契机。

第六章

道德品行与情感教育，影响孩子一生的幸福

拥有高尚的道德品行和情感，是孩子获得一生幸福的关键。斯宾塞说，在一个人的教育中，道德和情感均起着重要作用，道德告诉我们应该怎样做，情感则告诉我们愿意怎样做。一个道德、品质没有经过训练的孩子，即使他在其他方面的潜能很高，也很难取得什么成就。

良好的品行，正确的人生航向标

我一直认为，孩子道德、品质方面的教育和开启他们的智力同等重要。一个缺乏道德和伦理教育的孩子，在某方面发展得越好，可能对社会的危险性就越高。

——斯宾塞

 阅读时间：25 分钟  受益指数：★★★★★

教子不是凭经验，父母要懂点教育艺术

教育孩子是父母最大的责任，也是一项艰巨而又伟大的工程。父母一定要提高教育的敏感度，把教育孩子当成头等重要的大事来做，并为此做足功课。

故事的天空

3岁的生生长得机灵可爱，被一家人视为掌上明珠，爷爷奶奶更是离不开孙子，真是含在嘴里怕化了，百般疼爱。

生生的父母都是白领阶层，很少有时间教育孩子，觉得有爷爷奶奶呢，无须自己操

心，每天下班除了和孩子一起亲热外，很少过问其他方面的问题。

一天，一家人坐在一起吃晚饭，坐在小椅子上的生生夹了一口青菜放到嘴里，觉得有些咸了，把青菜吐到桌子上，随口甩出一句脏话：“他妈的！”

爸爸和妈妈都感到很吃惊，而爷爷奶奶却呵呵地笑了。

妈妈赶紧批评儿子：“怎么说脏话呢！”

生生不以为然地坐在那里，有些得意扬扬地嘻嘻笑着。

奶奶说：“不知道和谁学的，骂人的话会好几句呢。”

爸爸说：“这怎么了得，以后别让他出去和别的孩子一起玩了，学不出个好儿来。”

爷爷说：“小孩子会几句骂人的话有什么，谁小的时候不是这样过来的。”

妈妈觉得事态有些严重了，说：“看来，咱们得‘充充电’了，要掌握点教育艺术，不能凭借老经验来教育孩子。”

爷爷奶奶听后，觉得年轻人瞧不起他们这些“老经验”了，带个孩子有什么呀？还需要用“艺术”来教育，听着都新鲜。

生生的父母也看出了老人脸上显现出的不悦，但是为了孩子的未来，还是要摒弃老旧落后的经验。

吕姐爱心课堂

虽然父母不一定以教育为事业，但是，为了孩子，必须把自己锻造成教育大师。当有了孩子那一刻起，就应该把精力投入到教育孩子的事业当中来。也许有人觉得，教育孩子还用学？我们父辈、祖辈谁学过教育学，不也同样把孩子抚养大了吗？孩子会生就会养，这方面有的是经验可循。

斯宾塞就此提出了自己的观点，他认为：“孩子的善与恶、成才与否、生与死等，最终责任都在父母。对于孩子的命运，不能放在对教育没有进行过一点学习的，缺乏理智的习俗、冲动、幻想中去碰运气，不能让一些仅凭老经验的乳母和奶奶进行干扰。即便是饲养一头牛、一匹马，人们都知道应该去获取一些相关的喂养知识，而对于教育孩子这样一件大事，难道不应该去学习吗！很难想象，一个商人不懂得运算和簿记的后果会怎么样；一个人没有学习过解剖学，就开业进行外科手术的后果又会是怎么样。也很难想象，一个对孩子身体、道德、心智方面了解甚少的父亲或母亲，如何去指导孩子。”

正如斯宾塞所言，在小学、中学、大学，没有一门课程是教人们如何去教育孩子的，可几乎绝大多数人都会生养子女，会面临子女教育的问题。如果父母缺少这方面必要的准备，盲目地道听途说，照搬别人的教育方法，把一些不适宜的原则和方法强加在自己孩子身上，恐怕会给孩子的幸福成长带来诸多不利的影响。

在传统的育儿教子观念里，一家人都有责任和义务带孩子。但是，父母无论如何，都要亲自带孩子、教孩子，承担起主要的教育责任。让老人和保姆带孩子，只能从生活上起到照顾的作用，但是对孩子的道德培养和智力培养帮助作用不大，有的甚至起到不少的副作用。因为，老人溺爱孩子，保姆应付孩子。所以，父母不能图清闲，而放弃教育孩子的职责。

完全靠个人经验或者根据自己的好恶来教育，很难把孩子培养成一个成功的人。既为人父母，就要担当起养教的职责，多学习一些抚养教育子女的科学知识，掌握一定的教育方法和艺术。这样，才能给孩子的幸福成长提供可靠保证，最终把孩子调教成为有用之才。

斯宾塞支招DIY

没有谁天生就会当父母，可是孩子的成长有赖于父母的抚养与教诲。为了孩子的健康成长，父母一定要做好充分准备，提前掌握必要的儿童心理学知识和正确的教育方法，为给孩子一个幸福美满的人生作保障。

●**学习科学育儿的知识。**不要完全按照传统的经验来带孩子，父母应该在孩子出生之前，就要提前进入“角色”，学习和掌握科学的育儿知识。特别是要多学一些幼儿心理及教育方面的知识，做好充足的准备，迎接孩子的到来。

●**道德品质的培养更重要。**对培养孩子来讲，道德品格的培养比智力的培养更为重要，这是父母一项艰巨的任务，需要长期、反复而且耐心地进行下去。尽管这方面的教育很难，需要父母付出更多的耐心和智慧。但只要多掌握一些有关知识，把握住教育的实质内容，也是有方法可循的。

●**理论联系实际。**掌握了理论知识，还要在实践中去验证，凡事不可依赖、迷信理论，而是要在实践中不断去摸索出一套适合自己孩子的教育方法。

●**建立做父母的责任心。**要知道，为人父母是一种责任，不能只保证他们的生理需求，而忽略心理需求。要做细心的父母，时刻关注孩子的冷暖安危，时刻不能放松对孩子的道德、智力的培养和引导。从而保证孩子身心健康的成长，给他们营造快乐和幸福的生活和学习的环境，把孩子培养成为一个对社会有贡献的人。

●**耐心教子。**孩子不同于成人，由于受心智和认知的限制，对有些问题可能不是立即能领会，在教育孩子的过程中，父母要有耐心，多和孩子进行情感沟通，帮助孩子逐渐积累和构建知识体系。

斯宾塞小语

对父母来说，如果说生孩子是身体成熟的标志，那么教育孩子则是心智成熟的标志。无论从父母自身幸福的角度，还是从孩子一生的幸福来看，父母不得不承认，儿童生理知识、心理知识以及正确的教育方法是父母不可缺少的知识。

爸妈私房话

 阅读时间：30分钟　　受益指数：★★★★★

品行培养，先从父母做起

孩童时期的教育，犹如一座大厦的基础部分，虽然平时看不到它的影响，但是它却决定了大厦的风格和高矮。所以，父母要以身作则，为这座大厦的根基打下稳固的基础。

故事的天空

3岁的良良跟在妈妈身后走在人行道上，迎面过来一个骑自行车吃东西的人，刚好把包装袋扔在了良良的身边。小家伙蹲下身捡了起来，赶紧跑到妈妈的前边，把手里的包装袋扔到绿色的垃圾桶里。然后，站在那里等候着妈妈。

妈妈老远就向儿子竖起了大拇指，赞道："良良真棒！"

这一幕，也被同样带孩子出来散步的冬冬妈妈看到了，她对良良妈妈说："还是你有办法，调教出这么优秀的儿子。"

良良妈妈谦虚地说："嘿，哪个小孩子不是这样呢？"

冬冬妈妈说："我家的孩子就做不到，你有什么好经验给咱传授一下嘛。"

提到家庭教育时，良良妈妈说："其实，为孩子做出榜样是很容易做到的事情，言行一致，多示范给孩子看，通过实际行动来影响孩子就行了，他们自然会模仿的，等形成了习惯，就变成了品格的一部分。"

冬冬妈妈说："看来，父母的言行举止对孩子的影响是最大的。"

良良妈妈说："孩子是从模仿父母开始他们成长历程的，咱们的一举一动孩子都看在眼里，记在心上。父母是孩子的启蒙老师一点没错，大人不注意自己的言谈举止怎么行？"

吕姐爱心课堂

父母是孩子第一任老师，孩子的性格形成、道德品质的形成，与父母的影响有着直接的关系。所以，要想教育好孩子，父母就先要从改变自己开始做起，处处为孩子做榜样，争取把孩子培养成一个有德行的人。

斯宾塞说："父母的每一点善良、宽容、积极乐观、同情心、公正、民主的德行以及整洁、勤劳、节俭的习惯，都会从孩子身上反映出来。这些德行和习惯无论多么微小，都会像星光一样永远留在孩子的记忆里，成为孩子一生的指路明灯。这些美好的德行和习惯，不仅影响着父母自己的人生，也正在造就着孩子的人生。它既是现在，也是未来一个家庭中最为宝贵的财富。"

在道德和品质上，孩子很容易受父母的影响，因为孩子天性爱模仿，他们的言行多数是从父母那里看到和学来的。特别是他们的行为很自然地会得到来自父母的评判，而这种评判又多是依据父母自己的道德标准做出的，这对于孩子来说，父母的评价自然会被他们接受，继而影响着自己的思想和行动。为了培养孩子良好的品格，父母要对自己严要求，慎行动，力争给孩子传达正确的信息和树立正面的形象。

在现实生活中，许多父母没有严格要求自己，对自己的言行少有约束，当着孩子的面骂人，把自己无知、粗暴、野蛮的一面毫无保留地表现给孩子。可想而知，受父母的影响，孩子会被熏陶成什么样子。一个有才无德的孩子长大成人后，是很难得到大众接纳的。因此，父母应时时注意自己的形象，努力为孩子树立一个良好的道德榜样。

斯宾塞支招DIY

良好的道德行为不是天生就有，而是后天习得的。所以，父母要想把孩子培养成为一个具有高尚情操、良好品行的人，就要先约束好自己，并积极地进行道德品质修养的提升，多给孩子正面的影响。

●**榜样的力量。**要让孩子能够从小树立良好的品行，父母必须身体力行，率先垂范，为孩子做出榜样。尤其是在孩子面前，更要注意自己的一言一行。对孩子的品德教育最好能融入到他们的日常生活中，并且反复地将这些道德行为付诸实施。只有这样，孩子的道德行为才能巩固。

●**自省最重要。**孩子出现问题时，父母要多从自己身上找原因，及时调整自己的行为习惯。不能一味地批评孩子，把责任推到孩子身上。

●**改掉或根除恶习。**有不良习惯的父母，为了孩子的健康成长，也为了自身素质的完善，一定要改掉这些不良的习惯，如说脏话、随地吐痰、酗酒、搓麻将、背后说人坏话等。要养成勤劳俭朴、做事有条理、尊重他人、孝敬父母、诚实守信等好的行为习惯，通过实际行动来对孩子产生积极、深远的影响。

●**为孩子营造一个良好的道德环境。**孩子的品行与周围的环境密切相关，所以，父母应为孩子营造一个文明、健康、和睦、整洁的家庭氛围。周围没有可模仿的不良行为，孩子自然不会被感染。

斯宾塞小语♡

父母的每一点善良、宽容、积极乐观、同情心、公正、民主的德行以及整洁、勤劳、节俭的习惯，都会从孩子身上反映出来。这些德行和习惯无论多么微小，都会像星光一样永远留在孩子的记忆里，成为孩子一生的指路明灯。这些美好的德行和习惯，不仅影响着父母自己的人生，也正在造就着孩子的人生。它既是现在，也是未来一个家庭中最为宝贵的财富。

自然惩罚，让孩子承担行为后果

当孩子在行为上犯了错误时，应该让他们自己承担错误直接造成的后果，给孩子以心理惩罚。这种不愉快甚至是痛苦的经历，能促使孩子自我反省，从而自觉弥补过失、纠正错误。

故事的天空

星期天，4岁半的全全在阳台上把一盒蜡笔全部倒了出来，一支一支地扔着玩儿，他喜欢看到蜡笔被抛到空中翻滚落地的过程。

妈妈看到后，赶紧过来制止道："你这孩子怎么这么不爱惜东西呢，蜡笔是用来画画的，不是随意扔着玩的。"

小家伙不再往空中扔蜡笔了，大眼睛开始四处搜寻着新的兴趣点。

妈妈放心地回房间继续做家务去了。

全全锁定的目标是一只小羊角锤，是爸爸为他做手工制作时预备的工具，于是他拿起小锤子开始到处敲敲打打。当他一锤子把一只落在地上的蓝色蜡笔敲成两段时，眼睛一亮，立刻来了精神，一下一下地敲打着，直至蜡笔成了碎末。接着，他又开始摧残下一支"可怜"的小蜡笔，嘴里还"嗨嗨"地为自己助力鼓劲儿。

当妈妈收拾完房间，来到阳台上时，被眼前的一幕惊呆了，一盒十二

支彩色的蜡笔无一幸免，全都成了他锤下的牺牲品，各色粉末把地板都染成了杂色。

妈妈生气地批评着儿子："你把蜡笔全敲碎了，明天去幼儿园拿什么画画呢？"

可是小家伙却不以为然，手里提着小锤子，冲妈妈不断地做着鬼脸，嬉戏坏笑着，对妈妈发出的"一个星期之内不再给他买新蜡笔"的警告权当耳旁风。

第二天，幼儿园老师布置画太阳时，别的小朋友都认真地作画，全全只好坐在那里当"观众"。当老师知道他没带蜡笔时，要求他回家后把"作业"补上。

全全回到家，对妈妈提出要求，想要买蜡笔，被妈妈一口回绝，说："你把蜡笔弄碎了，就要接受惩罚，只有下星期才能有新蜡笔用。"

全全只好跑到楼下群群家去借蜡笔，完成了老师给布置的"作业"。

一星期以后，全全才拥有了新蜡笔，这回他吸取了教训，不敢损坏蜡笔了，而是用后将蜡笔赶紧放到小书包里保护起来。

吕姐爱心课堂

对不听话的孩子给以一定的惩罚，利于他们记住经验教训。当然，惩罚是要讲科学的，而不是一味地斥责打骂。自然惩罚，就是一种行之有效，而又温和、公正的惩罚方式，既让孩子有了教训，又能使他们的心灵不受伤害。

斯宾塞说："在孩子道德和品质教育中，应更多地采用自然惩罚的办法，而尽量少地使用人为惩罚。"所谓的自然惩罚，就是让孩子为自己的错误或过失所招来的自然后果承担责任，使孩子能够正确认识错误，进而自觉改正错误。

对于全全损坏蜡笔的举止，妈妈就明确告诉他只能等到一星期后才能重新拥有，让他尝到了没有蜡笔使用的不便的惩罚。孩子自然就吸取了教训，在今后的生活当中，就不会轻易再犯这样的错误了。采用如此的方法，比打骂、批评等人为惩罚效果要好得多。由于自然惩罚是完全公正的，所以当孩子在受到自然惩罚时，一般不会感到委屈，他一般会把这些苦头的原因归结到自己身上。这不仅利于孩子养成对自己的行为负责、自我约束的好习惯，还使亲子之间不会因为惩罚过分而产生愤怒的情绪。相反，在自然惩罚的办法下，亲子关系因为比较亲切、理性，反而会联系得更紧密。

自然惩罚的目的，就是让孩子在自作自受中体验到痛苦的责罚，强化痛苦体验，从而吸取教训，改正错误。当孩子经过多次类似的经历，看到其产生的结果，他们的脑海中就会存在以往的经历，并从经验中判断出什么事情可以做，什么事情不能做，做了会产生哪些后果。孩子直接从生活中获取的经验，要比从父母口中得来的判断宝贵、可信得多。

斯宾塞支招DIY

在孩子犯了错误后，责骂、体罚除了让他们感到紧张、愤怒外，什么也没有得到。而让孩子自己承担错误直接造成的后果，更容易使他们认识到自己的错误，进而进行自我约束和改正错误。

●**让孩子对自己的行为负责。**父母要让孩子认识到自己的错误的同时，还要让孩子学会对自己的行为负责才行。所以，父母不要总是不停地唠叨、埋怨，也不必给他们讲道理，让孩子顺其自然地接受后果。否则，会使孩子转移注意力，觉得保护自己不受谴责和维护自尊心才是最重要的，而不是承担责任，这反而不利于孩子正视自己的行为。

●**不排除正常反应。**自然惩罚也不完全排除父母的一些正常反应，如故意冷淡，有原因地不满足孩子的愿望，取消他的一些娱乐或消费权利，等等。总之，要以某种态度明确表示对孩子某种错误行为的不满。

●**态度要坚决。**对孩子实施自然惩罚时，态度要坚决，不能给孩子造成只要哀求，就能得到宽恕的印象。当然，也不能过于冷酷，否则，就不再是自然惩罚了，而变成了对孩子的人为惩罚行为。

●**不要让自然惩罚伤害孩子的身体。**自然惩罚不是体罚，当孩子做出过失行为并造成自然后果时，应考虑是否会伤害孩子的身体健康。所以，不能感情用事，要客观地分析孩子可能受到的自然惩罚结果。如果对孩子的身体健康没有损害，方可以让孩子去接受自然惩罚。

●**为孩子做出表率。**在实施自然惩罚时，父母也要为孩子做出直接的榜样，以身作则，承担自己犯错的后果，使孩子看到，父母也不例外，这自然会在孩子面前树立起诚信和威信。当他们自己出现错误时，也会不再狡辩，而是主动去承担后果了。

斯宾塞小语

在孩子道德和品质教育中，应更多地采用自然惩罚的办法，而尽量少地使用人为惩罚。

好环境，塑造孩子好品行

孩子的良好品德或行为障碍不是一朝一夕形成的。为了使孩子成为一个具有高尚情操、优秀品行的人，父母一定要注意自己的教育方法，并为孩子创造一个良好的成长环境。

故事的天空

5岁的嘟嘟有一个幸福的家，家人间彼此关爱，有礼貌，每当嘟嘟帮妈妈做了事情，妈妈都要谢谢他，亲亲他的小脸蛋儿。

嘟嘟是全小区公认的好孩子，他每天都和妈妈一起去住在一楼的孤寡老人于奶奶家串门，陪她一起度过一段热闹的时光，于奶奶夸他比亲孙子还亲。

中秋节的早晨，嘟嘟早早就穿好了衣服，催促着父母赶紧动身。他们今天要去敬老院给老爷爷老奶奶送月饼，和他们一起度过一个欢快的中秋。

在敬老院里，嘟嘟和社区同来慰问的几个孩子一起表演了欢快的舞蹈，给老人们带去了无尽的欢笑。

嘟嘟的父母非常重视为孩子营造温馨、有爱心的生活环境，带他到街头为灾区捐款时，让嘟嘟亲手把钱放到捐款箱。看到街头有打架斗殴的行为，赶紧带孩子离开。在父母的影响下，嘟嘟逐渐培养了爱心、公德心，每次上街见到路边丢弃的垃圾，就和爸爸或妈妈一起捡起来放到垃圾箱里。

一天，他和妈妈走到小区外的绿地旁，发现有几个比自己还大些的孩子在不远处的绿地上兴奋地叫喊着。原来他们在这里发现一只奄奄一息的白色的小猫咪，正商量着把这只可怜的小猫扔进公园的湖水中。

嘟嘟像一只发怒的小豹子，一头冲进绿地，大声地质问："为什么欺负小猫咪？"

几个孩子听后，现出惭愧之相，其中一个孩子说："咱们走吧。"另外几个赶紧跟随着往远处跑去。

于是，这只小猫咪有了新家，成了嘟嘟的好朋友。

嘟嘟收养了小猫咪不久，从电视里看到了汶川大地震的画面，主动把自己的小衣服和两本童话书找出来，随着妈妈去物业处捐了出去。妈妈在做志愿者，帮忙整理捐助物资，嘟嘟就和几个年轻的叔叔阿姨一起去散传单，宣传救助活动。

邻居都夸嘟嘟是一个"小大人"，纷纷向嘟嘟妈妈取经，嘟嘟妈妈传授给大家的经验是："为孩子树立榜样，引导孩子去做善事，有了好的环境，孩子自然就有了好品行。"

吕姐爱心课堂

孩子的心灵犹如清水般纯净，之所以有的孩子会出现一些恶劣的行为，与父母为他们创设的环境有关。在一个充满爱和民主的生活氛围中，孩子耳濡目染，也会心地向善，文明知礼。而在一个处处弥漫着粗鲁和不文明行径的恶劣环境中，孩子也会逐渐感染上不良习性。

斯宾塞说："在道德、意志和品质方面，孩子是极容易受外部环境影响的，坏的影响毁掉一个孩子比好的影响成就一个孩子要容易得多。同样，文明的家庭对孩子的影响和粗野的家庭对孩子的影响也会产生不同的结果。"

人的道德品行并非与生俱来，而是随着道德认识的提高，在长期的教育培养下和情感陶冶下发展起来的。幼年时期，是人一生品质形成最关键的时期，不论受到好的教育与环境影响，还是不好的教育与环境影响，都会在心灵上留下深深的烙印，而一旦形成惯势，是很难改变的。

环境虽说是外在条件，但是所起的作用却是不可估量的。早在我国古代，就对孩子成长的环境非常重视。孟母三迁，就是要给孩子创设一个良好的环境，以避免周围恶劣环境对孩子造成不良影响。

由于孩子是在对周围环境的模仿中学习，为孩子营造一个良好的家庭和社会环境就显得极为重要。良好的生活环境是孩子成长的“沃土”，它潜移默化地影响着孩子幼小的心灵，不但有利于孩子的道德品行和人格发展，更有利于孩子在良好环境的熏陶、激励下奋发图强，最终成长为一个对社会有用的人。

斯宾塞支招DIY

生活环境决定着孩子以后日常生活中的品行与做事方式。他们的一言一行都是后天在环境的影响之下形成的，所以父母要尽可能地为孩子提供一个良好的道德品行环境。

●**家庭是孩子模仿的重要场所。**孩子大部分的时间是在家庭中度过的，父母的言行举止对孩子的影响非常大。那些总是充满各种矛盾、冲突以及各种自私、虚伪、狡诈恶行的家庭里，孩子难以幸免不被“感染”。所以，父母要做好家庭道德清洁工作，给孩子一个清新、温馨、民主、文明的生活和学习环境，使孩子养成文明、友爱、礼貌、自信的个性品格。

●**净化孩子周围环境。**作为一个社会人，孩子生活的空间不仅仅局限于家庭，社会环境对孩子道德品质培养的影响也不容忽视。良好的社会环境会对孩子良好道德品行的形成起积极作用，而不良的社会环境则会从反面为他们树立某种学习样板，使孩子出现一些不良品行。因此，父母应尽可能带孩子去那些充满和谐、文明、关爱的环境中，而对于充斥着不文明、不道德行为的环境，则尽量让孩子远离。

●**增强孩子对不良环境的“免疫力”。**孩子生活的环境有时是不以我们的意志为转移的，所以，父母平时应该让孩子明白哪些行为是值得学习的，哪些是不能效仿的，增强孩子对不良品行的辨别能力，使他们能主动自觉地抵制一些不良习气，如说脏话、撒谎、偷窃等。

●**让孩子远离残忍的环境。**人性最美之处在于对生命的同情，孩子十分喜爱动物是天性，可是当他们经常看到屠杀、虐待动物的过程，就会变得麻木甚至残忍起来。为此，应该让孩子远离残忍的环境。

斯宾塞小语

在道德、意志和品质方面，孩子是极容易受外部环境影响的，坏的影响毁掉一个孩子比好的影响成就一个孩子要容易得多。同样，文明的家庭对孩子的影响和粗野的家庭对孩子的影响也会产生不同的结果。

记下对孩子的期望和善行

将孩子好的言行记录在案，是为了达到激励和强化作用。它可以使孩子从偶尔的良好表现中获得自信和快乐，继而不断依照父母所给予的期望，做出令父母满意的行为。

故事的天空

今天是周末，晚上睡觉前，倩倩妈妈拿出一个精美的日记本，坐在4岁女儿的床头，开始写画起来，很快一幅形象的简笔画完成了，签上日期后，妈妈递给倩倩，上面是一个扎着冲天辫子的女孩儿正蹲下来捡路边的垃圾。

倩倩欣喜地搂着妈妈的脖子说："妈妈，我是不是又进步了？"

妈妈愉悦地点点头，说："那自然，每一次小小的进步，妈妈不仅看到了，还给你记在'善行册'里了。"说完，从头打开笔记本，上面一幅幅画面、一段段文字，令母女俩陷入到幸福的回忆中，仿佛从前的事情刚刚发生过。

等倩倩睡着了，妈妈才拿着"善行册"回到客厅。远道而来的老同学杨沫正坐在那里看电视，对倩倩妈妈手中的笔记本来了兴趣。

倩倩妈妈把笔记本向她面前一递，笑着说："多提宝贵意见。"

杨沫赶紧接过来，饶有兴趣地一页一页地翻阅着，看完后，笑着说："你的画技没有太大的长进，内容却很丰富、生动。还真没想到，你这一手可真够绝的，值得借鉴和推广。"

倩倩妈妈说：

“可别小看这小小的‘善行册’，作用蛮大的。孩子天天努力着如何进步呢。”

杨沫说：“回去我也要参照执行，我家那小家伙也喜欢进步，就是总也不上心。有了‘善行册’，看到自己的进步，就能记在心里，积极性一定会大大提高。”

吕姐爱心课堂

空洞说教，对孩子来说，所起到的影响作用很有限。孩子们往往左耳朵听，又从右耳朵溜走了。因为，孩子对这个世界感兴趣的东西太多了。为此，父母要想方设法让孩子对自己好的言行留有深刻的印象，强化加深记忆，从而不断重复，使之最终转化成为他们的良好道德品行。

记录孩子的言行，是一种很好的方法。斯宾塞就是采用这种方法来教育小斯宾塞的，且收到了出奇的效果。他总结道：“孩子认识世界要经历一个从具体到抽象、从简单到复杂的过程。道德这个词在人们看来似乎是一个很抽象的概念，但要想把好的道德观念和品质植入孩子的脑海中，一样需要父母明确告诉孩子应该怎么做。父母可以把孩子的道德行为记录下来，作为一种精神鼓励送给他。”

是的，孩子认识世界需要经历这样一个由简至繁、由具体到抽象的过程。那些具体、生动的东西更容易吸引他们的注意，使他们学会和记住；而孩子看不见、摸不着的东西，很难给他们留下深刻的印象。如果父母把他们的言行通过图画和文字的形式记录下来，随时拿给孩子看一看，念给他们听一听，效果就大不一样了，这不仅会使他们对自己的进步充满喜悦，并且会对自己做的事情有一个实体的回忆，这无形中加强了记忆。

如果父母只是单纯地告诉孩子要做一个高尚、有道德的人，孩子恐怕也不知道如何具体落实到行动上。当父母把对孩子的期望写下来，并记录下他所做的好人好事，就能使孩子有法可循，知道如何去做。这些文字和图画会成为一种善良的符号，时时鼓舞着孩子，促使他们不断发掘生活中的真善美，取得更大的进步。

斯宾塞支招DIY

父母不要小瞧日常“善行册”的作用，它将孩子的点滴进步记录在案，将这些闪光点定格、放大，使之成为孩子不断进步的动力。这种对孩子的及时肯定和鼓励，远比给予他们其他奖赏更有效。

●**记下孩子的善行。**从孩子懂事的时候开始，父母就要对孩子的善行进行记录。把孩子做的每一件好事一一记录下来，这对孩子的道德培养会大有帮助。当孩子翻看这个本子时，他的自信心就会随着自己所做好事的增加而增长。从而，乐此不疲地去做好事，等养成了习惯，就会形成良好的品行。

●**记录要具体。**在记录过程中，一定要把主要的细节突出出来，除了要注明时间、事件外，还要加一些适当的评语。

●**点滴小事也要记录在案。**父母在生活中要善于捕捉孩子好的言行，即便再小，或是在做好事的同时也出现了一些差错，也要用放大镜看孩子的优点，将它们记录下来，这对孩子会起到良好的激励作用。

●**适当的鼓励有必要。**为了巩固孩子的行为，使之内化成好习惯、好品行，可以采取积攒小红星或其他象征物的方式，对孩子进行适当的奖励。如做一件好事可以有一颗“星星”，攒够几颗后将满足他的一个心愿或是给予一些小的物质奖励，这会让孩子更加热心地去做好事。刚开始，孩子可能有目的地去做好事，久而久之，就会由习惯内化成品格，孩子就会真正成为一个具有高尚道德的人。

●**只记“功”不记“过”。**在做记录时，应遵循只记“功”不记“过”的原则，只有这样，才能对孩子好的品行起到强化的作用。切忌在做功劳簿的同时，再给孩子弄一份“犯错记录”，这样反而会给孩子挫败感，起到负面的暗示作用，不利于孩子道德品质的培养和孩子的成长。

斯宾塞小语

如果父母只是单纯地告诉孩子要做一个高尚、有道德的人，孩子恐怕也不知道该如何具体落实到行动上。当父母把对孩子的期望写下来，并记录下他所做的好人好事，就能使孩子有法可循，知道如何去做。

情感教育，孩子必不可少的功课

在孩子所有的教育中，情感教育是必不可少的。孩子人生中许多精彩的故事、伟大的行为都来自于情感。它是道德的真正的基础，是理智的动力，是人生生生不息的力量。

——斯宾塞

阅读时间：30分钟　　受益指数：★★★★★

唤醒孩子爱的情感

爱是人类最伟大而高尚的情感，有了爱就有了一切。一个有爱心的孩子，才能笑得更灿烂，内心更温暖，而他长大后也就更能接近成功。

故事的天空

3岁的菲菲和妈妈一起去商超中心，走到大门口不远处时，她看见一个比自己大不了多少的小女孩站在那里哭泣。

菲菲好奇地挣脱妈妈的手，走到小女孩儿身边，充满关切地问："你怎么了？为什么哭呢？是不是找不到妈妈了？"

小女孩儿一边擦着眼泪一边点头。

菲菲小大人似的

说：“没事，你别哭了，我妈妈会帮助你的。”

菲菲妈妈适时地蹲下来，关切地询问：“宝贝儿，是和妈妈一起来商超的吗？”

小女孩儿使劲儿地点着头。

菲菲妈妈安慰道：“没关系，咱们一起去找妈妈好不好啊？”

征得女孩儿的同意，她们决定去商超里找妈妈。菲菲拉着小女孩儿的手，快活地在前边跑，菲菲妈妈快步跟在后边，像是妈妈领着一对欢快的双胞胎姐妹出来逛街一样。

在商超广播员的帮助下，小女孩儿找到了妈妈，大家欢欣地聚在一起。

一番谢意后，两个妈妈看着孩子们一起嬉戏，像老熟人似地聊起了亲子教育。

女孩的妈妈说：“看你把孩子调教的，多有爱心啊。”

菲菲妈妈谦虚地说：“孩子的天性都是单纯而又富有爱心的，只是不知道如何去表达爱的情感。我总是利用各种机会，来引导和唤醒孩子的这种情感，让她逐渐懂得人世间的爱是多么重要和崇高。”

女孩的妈妈感慨地说：“过去，我总是觉得孩子还小，有些道理和她讲了也不懂，看来这是失误，需要时时刻刻在点点滴滴的生活中，让孩子感受被爱和爱人才对。”

吕姐爱心课堂

人立世之本，就是善良，具有爱心和公德心。从小培养孩子的爱心，对他们的身心发展有着巨大的帮助作用。当然，孩子只有“被爱”的感觉，才会把爱心传递给别人。所以父母要给孩子充分的爱和温暖，培养他们“服务”他人的大局观，使之学会“给予”。

斯宾塞说：“教育的一个重要目的还在于唤醒孩子身上爱的情感。爱能够化解生活中的尖锐矛盾，也能激发孩子以更高的热情去实现教育的目标。”父母教育孩子的终极目的，是使他成为一个对社会、对家庭负责任的、有用的人。而爱心是孩子将来立身社会的基础和前提，它可以帮助孩子和谐地处理周围的人际关系，使他们获得更多的朋友和机遇，并且在学习和工作上也能更主动、积极，这都为他们的成功提供了必要条件，奠定下坚实的基础。因此，父母一定要重视对孩子爱心的培养，用自己的实际行动引导感悟孩子，唤醒他们本来就潜在于意识当中的爱的情感。

在独生子女时代，对孩子的爱心培养尤为重要，许多孩子长期受到来自父母和家人的千般宠爱和溺爱，却不懂得关爱他人，常常以自我为中心。当父母把全部的爱倾注给孩子的同时，也要注意引导孩子学会对他人施爱。否则，会使他们长大后缺乏工作热情和对社会的责任感，变得自私、固执、贪婪，对人对事淡漠无情。这样的思想与行为，怎么能谈得上热爱家乡、热爱祖国的高尚情感和事业上的献身精神呢？

孩子的爱心是通过自然而然的模仿、潜移默化的渗透而逐渐形成的，是一个从外在到内在、从量变到质变的发展过程。而父母是最直接的爱心播种者，家庭是最重要的爱心培育基地，所以，父母一定要从小对孩子进行“爱”的熏陶和教育，通过种种爱的故事、爱的行为，在孩子心中留下深深的烙印，使之永远无法磨灭，并影响他们一生一世。

斯宾塞支招DIY

为了让孩子的爱心永不枯竭、泯灭，父母不仅要爱孩子，更要注重让孩子学会爱。幼年时期，正是人的各种心理品质形成的关键时期，因此培养孩子的爱心，要从孩子很小的时候抓起。

●**做孩子的“爱心”榜样。**孩子模仿最多的就是父母，父母的一言一行都在潜移默化地影响着他们。所以，父母首先要做一个富有爱心的人，在生活中对孩子、对家人关爱体贴、助人为乐等，为孩子做出榜样。

●**提供奉献爱心的机会。**爱心不是一次两次就能培养起来的，只有持之以恒的坚持，才会使爱的种子在孩子心中生根发芽。父母平时要多为孩子提供奉献爱心的机会，如让他为生病的妈妈拿药，给下班的爸爸拿拖鞋，替看报的爷爷拿老花镜，或者带孩子参加一些公益活动，一起到孤儿院和养老院帮忙，为灾区捐款，等等。让孩子有机会去奉献爱心，他们才能更理解爱心的意义，感受到帮助他人的幸福。

●**保护好孩子的爱心。**对孩子表现出来的爱心不能视而不见，而是要及时予以鼓励。如孩子在为一只受伤的小鸡包扎伤口，妈妈不能怕弄脏了手而阻止孩子的行动，这会伤害和剥夺孩子的爱心。父母要保护好孩子献爱心的热情，使之常态化，只有这样，他们才能注入激情、爱心不断。

●**教孩子学会“移情”。**父母应该教导孩子，遇到事情首先要设身处地为他人着想，感受他人的情感。只有这样，才能激发孩子对他人的理解与同情，将爱的情感奉献给更多的人。如看到别人生病痛苦时，让孩子结合自己的疼痛经验来体会和感受他人的痛苦，从而为他人提供力所能及的帮助。

●**多带孩子到大自然中感受美好生活。**让孩子与大自然的花草、植物、动物和谐相处，也是一种爱心的培养形式。在感受美好生活的同时，让孩子学会爱护花草，爱护小动物，告诉孩子保护大自然也是一种美德。

●**教孩子学会赠予分享。**父母要鼓励孩子学会赠予和分享，如让他们与人分享玩具，利用节假日带孩子到孤儿院，分送礼物或卡片给院内小朋友，鼓励孩子把家中旧的图书、不玩的玩具、不能穿的衣服捐给需要帮助的人等。

教育的一个重要目的还在于唤醒孩子身上爱的情感。爱能够化解生活中的尖锐矛盾，也能激发孩子以更高的热情去实现教育的目标。

常怀感恩，更能赢得他人的友谊和关心

感恩是一种情感，也是一种责任，它来自于对生活的爱与希望。培养孩子学会感恩，不仅是一种美德的要求，更是生命的一个基本要素。只有让孩子懂得感恩，他们的内心才会更充实，头脑才会更理智，人生也才会拥有更多的幸福。

 故事的天空

常玲得知老同学徐静病了，赶紧请假过来探望。前来开门的是徐静5岁女儿哲哲，她很有礼貌地把常玲引到妈妈的房间里。

卧在床上的徐静虚弱地笑着同老同学打招呼，好长时间没有见面了，加上又是在生病的情况下，二人自然更显得亲热，聊起的话题无所不包。

小哲哲成了她们的侍应生，一会儿端水果，一会儿倒茶过来，显得有条不紊。

常玲抚摸着哲哲的头发夸道："嘿，哲哲真棒，能顶一个小大人使唤啦。"

提起女儿，徐静话就更多了，说："今天赶上她爸爸出差，多亏了哲哲帮我，陪我去医院、买药，回来给我端水，照顾我服药。就是睡觉时，也知道帮我盖被子呢，可能干了，简直是无微不至。"

这时，哲哲抬头看看墙上的石英钟后，跑了出去。没一会儿又跑进来，手里拿着体温计，对妈妈说："该量体温了。"

徐静很配合地让女儿把体温计放到腋窝处夹紧，哲哲才放心地出去了。

常玲很羡慕地说：

“还是女儿好啊，懂得感恩，知道回报父母。这么小就知冷知热的。”然后，长叹了一口气说，“再瞧瞧我家那臭小子，都七八岁了，还要父母像伺候小皇帝那样，过着衣来伸手、饭来张口的神仙日子。别说妈妈生病，照顾你了，就是平时支使他干点活儿、打打下手儿，都不肯动一下，还居然大声告诉我‘自己的事情自己做’。你说气人不气人！”

徐静笑着说：“你呀，那是自作自受。”

常玲愕然。

徐静说：“孩子知不知道感恩，不分男孩儿女孩儿，关键在于父母的引导和熏陶。”

常玲想了想，说：“可也是，看来责任在大人，今后得改变教育方法了。”

这时，哲哲又进来了，她帮助妈妈拿出体温计，看后还认真地用笔在小本子上一丝不苟地做记录呢。

吕姐爱心课堂

一个常怀感恩之心的人，才能回馈社会和亲人。可是，在生活中，不乏这样的人：总是索取，不懂得回报；总是接受，不懂得感激。斯宾塞说：“一个不懂得感激的人，总是把得到的都视为应该如此，总会忽略别人的善意，而铭记别人的一点点过失和冒犯。这样的人痛苦总多于欢乐，怨恨总多于感动。一个内心缺少宁静的人，是很难长期专注地去完成一件事的。而感激，能把一个人从怨恨中完全解脱出来。”

人类具有社会性，是需要互相支撑的，单打独斗永远难以取得成果。任何一个人离开了社会都不可能生存，需要他人的帮助或协作才能取得更大的成功。为了孩子的未来，父母要教孩子学会感激别人。只有这样，孩子才能赢得别人的尊重，才能实现和他人的正常交往，才能更快乐地生活。

让孩子学会感恩，就是让他们懂得尊重别人，对别人的给予心存感激。感恩，是一种情感，也是一种责任，更是一种人生境界的体现。可是，如今很多孩子缺乏感恩之心，他们认为自己所获得的一切都是正常的、应该的，甚至稍有不如意，就怨天尤人，伸手索取。这与父母的教育和引导有着很大的关系。为此，父母不要一味地只讲奉献，还要让孩子懂得如何感恩与回馈才行。感恩可以表现在许多方面：对父母关爱的孝敬，对老师教诲的感激，对朋友鼓励的微笑，对他人帮助的感谢，对大自然给予的奉献，等等。

人的感恩之心、感激之情不是先天就有，而是后天逐渐形成的。感恩源于良心、良知、良能，它与所接受的教育有关。所以，父母从小就要培养孩子学会感恩与回报。一个拥有更多感恩之心的人，会更健康、更快乐，内心也会更充实。让孩子学会感恩，不只是对父母养育之恩的回报，更是让孩子树立一种责任意识、自立及自尊意识。

斯宾塞支招DIY

孩子学会感恩，就等于拥有了一本储存幸福的存折。父母要为孩子的这份“存折”创设条件，让孩子有机会获得更多的“资源”和机会。

●**让孩子从感恩父母开始。**孩子主动拥抱亲吻父母，就是一种感恩行为。父母应该同样回以热情，让孩子知道“礼尚往来”是感恩的一种方式。

●**父母以身作则。**父母是孩子最好的榜样，在日常生活中的一言一行，都会潜移默化地对孩子产生影响。所以要经常对父母和长辈表达感激之情，体现出感恩之心、之行。通过实际行动，让孩子来感受和模仿。

●**让孩子体验辛苦。**帮助父母做些力所能及的家务，不仅锻炼培养了孩子勤劳的好习惯，也是培养他们感激之情的好方法。孩子通过家务劳动来体验父母的艰辛和付出，他们才能产生感激、感恩的心。

●**让孩子学会感谢，也是感恩的一种表达方式。**感谢是美德中最普遍的，也是最容易做到的。当得到别人的帮助时，要及时说一声“谢谢”。父母要让孩子明白，得到人家的帮助要永志不忘，而帮助别人后，不要放在心上，不要期待着人家的回报。

●**尊重一切生命。**人世间的一切生命，没有贵贱之分，都应该予以尊重。平时多带孩子去外面的世界感受生活，让孩子多认识一些小动物，给孩子灌输爱护小动物也是一种爱心。这个世界因为有了丰富的物种，才变得美丽而和谐，也需要对它们表达感激之情。

●**通过讲故事的形式向孩子传播感恩。**选择讲一些富有哲理的寓言故事、童话故事或名人名家的感恩故事等，让孩子明白其他人是怎样感恩的，并参照执行。

斯宾塞小语

一个人要懂得感激别人，哪怕是一点友好和善意的行为。一个目空一切、完全以自我为中心的人，表面上得到了不少，实际却一无所有，他不会给自己和别人的人生带来哪怕一丝一毫的乐趣。只有懂得感激的人，才会赢得别人的友谊，才会得到他人的关心。

别让仇恨吞噬孩子的心灵

社会总是存在着不完美，人与人之间也难免发生摩擦和矛盾。父母应告诉孩子，只有远离仇恨，用宽容和大度与人相处，这个世界才会和谐，生活才会美满。

故事的天空

在楼下的空地上，几个孩子正你追我赶地追打着、玩闹着。在嘶闹中，荦荦出手可能重了些，把牛牛推倒在了地上。结果两个孩子为此发生了争执，闹起了矛盾。

随着孩子的争吵声，大人们分别从不同的地方赶过来。

碰巧牛牛妈妈从市场买菜回来，见自己的儿子浑身是灰土，心疼地质问其他几个孩子："怎么回事儿，是谁把他打成这样的？"

胆小的珠珠用手指了指荦荦。

牛牛妈妈气恼地瞪了荦荦一眼，对儿子说："走，回家去，以后不要和他们一起玩了。"说完，拉起儿子快步地离开了。

这时，荦荦妈妈也从楼上下来了，同牛牛妈妈在楼梯门口碰到，刚想同他们母子打声招呼，牛牛妈妈阴沉着脸扯着儿子走上了楼梯。

回到家后，牛牛妈妈对儿子训斥道："你太软弱了，人家都动手打你了，还不还手，天生的软蛋，以后还不得天天被人欺负。"

牛牛低头不语，任凭妈妈数落着。

这时，有人敲门。

原来是荦荦妈妈，她进门后先是笑着对牛

牛妈妈说："对不起，我都批评荦荦了。"然后赶紧抚摸着牛牛的头，"好孩子，不要记恨荦荦啊，他不是故意的！"

牛牛妈妈也觉得自己有些过分了，赶紧请老邻居坐下。经过一番沟通，牛牛妈妈认识到自己处理问题的方式有些不当，觉得自己私心太重，竟然对孩子煽动、灌输起仇恨来。

吕姐爱心课堂

和谐、友爱是人间正道，仇恨的种子埋不得。一个心里充满怨恨的人，是不可能与他人融洽相处与合作的。如果孩子的纯真被仇恨所"污染"，那么他的成长道路将充满"荆棘"，而非坦途。

斯宾塞认为："仇恨会吞噬一个孩子的心灵，蒙蔽他的心智，使他永远失去安宁。父母必须指给孩子一条漫长的但有成效的道路。"诚然，在现实生活中还存在不少问题。孩子也可能会遇到一些不公正的对待，但这不是生活的全部，只是一个小小的不和谐的插曲而已。父母要担负起引路人的重任，及时给孩子纯洁的心灵抚去"微尘"，让孩子更加阳光、大度，学会宽容谅解他人。

爱孩子是每一个父母都不缺少的，但是如何去爱，也要有一个"度"的问题。给孩子灌输仇恨，已经不是爱不爱的问题，而是在害自己的孩子了。这不是真正的爱。真正的爱，是要引导孩子识大体、顾大局，不为一己私利或一时的义愤而失去理智。凡事以自我为中心，"顺我者昌、逆我者亡"的处事态度不可取。

孩子的心灵犹如一张白纸，父母在下笔描绘之前，要慎重再慎重。为此，父母也要加强自身修养，为孩子做出榜样。让孩子拥有一颗宽容、善良的心，就等于给了孩子一个光明的前途和未来。要让孩子知道，保持人与人之间的纯真友情，相互理解、相互原谅是应该的，也是必需的。

斯宾塞支招DIY

一个心存仇恨的人，痛苦总是多于欢乐。这种心理和行为会使孩子偏离正确的成长轨道，对他的身心健康很不利。父母应引导孩子用理智来看待这些事情，向积极方面思考，让孩子学会宽容、谅解他人。

●**帮助孩子理清事实。**当碰到孩子与人闹矛盾时，一定要先问清事情的来龙去脉，然后公正客观地帮助孩子进行分析，并告诉孩子以后再碰到类似的事件应该如何解决。不要出于爱子心切，让愤怒蒙蔽了自己的眼睛，把埋怨都倾泻在别的孩子身上。要让孩子学会宽容、大度，不耿耿于怀。

●**及时把孩子的报复心理清除。**孩子的报复心理对他的心理健康十分不利，父母除了不灌输仇恨心理外，还要及时帮助孩子走出报复的误区，摆脱这种心理，使孩子心态阳光起来。

●**做孩子的表率。**模仿是孩子学习的重要手段，平时父母要在孩子面前表现出宽宏大度，与人相处态度友好，不给孩子灌输负面的言论。为孩子树立一个良好的榜样，让孩子在模仿的过程中，得到良好的教育。

●**给孩子创造一个好环境。**孩子的心理和行为是很容易受环境影响的，如果家庭和睦民主，孩子也会受到熏陶，充满爱心。而有的家庭经常“硝烟弥漫”，夫妻相互谩骂、大打出手，甚至感情破裂、双亲离异，这都会严重摧残孩子的心灵，影响他们的心理健康，从而出现对他人的仇恨心理。

●**改进教育方式。**孩子的仇恨心理还与不当的教育方式有关。如孩子受到百倍的呵护和娇宠，对孩子听之任之，或者一味地妥协、迁就，孩子就会产生唯我独尊的心理。一旦与自己的意愿相悖，就容易使他们滋生仇恨。还有的父母经常训斥、打骂孩子，孩子享受不到爱和温情，感情就会变得麻木。没有了爱，仇恨心理便乘虚而入了。

●**对孩子进行挫折教育。**过分优越的环境会使孩子的心理变得脆弱。因此，父母平时不妨给孩子点“苦头”和挫折，以加强孩子的韧性，提高他们对不如意和不顺心的容忍能力。

斯宾塞小语

生活中总是存在着很多不公平，如果充满仇恨，只会让自己更加痛苦。父母要告诉孩子，对于这些不幸，我们除了要坦然接受以外，还应该用爱和知识来消除愚昧，让自己和他人得到解脱。

阅读时间：25 分钟　　受益指数：★★★★

大声告诉孩子“我爱你”

向孩子表达你的爱，会尽早和他们建立一种积极、健康的亲子关系，会使孩子更加自信和幸福。同时，通过向孩子“示爱”，也使自己变得更青春、更有活力。

故事的天空

春日的晴空下，公园里游人很多，3岁的童童和4岁的涓涓一起玩耍着，两个妈妈坐在长椅上天南海北地聊着天。

这时，童童把一张别人随手扔掉的冰糕纸捡了起来，发现周围没有垃圾桶，便跑到妈妈的身边，举着冰糕纸说：“妈妈，放到袋子里边。”

涓涓妈妈赶紧说：“好孩子，冰糕纸是很脏的，快扔掉吧。”

童童坚持把冰糕纸放到专用的垃圾袋里。

童童妈妈赶紧在孩子脸上亲了一口，由衷地夸道：“童童真棒，好孩子，妈妈爱你！”

等童童兴奋地跑去找涓涓，涓涓妈妈说：“你怎么连垃圾也让孩子收藏！”

童童妈妈解释道：“你错啦，她不是在收藏，是在做环境卫生啊。”

涓涓妈妈说：“直接扔到垃圾桶不就结了，还送到妈妈这里来。”

童童妈妈示意她看看周边是否有垃圾桶，涓涓妈妈才明白缘由。

说到孩子，涓涓妈妈又打趣童童妈妈：“我发现你天天把‘我爱你’挂在嘴边，肉不肉麻啊，对孩子好，有行动就够了。”

童童妈妈正色道：“你这观点我可不赞同，爱孩子不仅需要行动，还要大声地说出来，这样可以强化和融洽亲子关系。”

涓涓妈妈依旧有些不以为然，觉得没必要一天到晚把爱挂在嘴边，哪个父母不爱自己的孩子啊。

吕姐爱心课堂

爱孩子，就要真诚地表达出来，对孩子大声地说“我爱你”。因为，爱是一回事，让孩子感受到这种爱则是另一回事。父母默默地在做着奉献，可孩子并不见得知道父母的行为是在爱自己。所以，对孩子“卿卿我我”，说说“我爱你”，是把自己的爱意直接表达给他。

斯宾塞说：“让孩子感受到、听到、看到、触摸到爱和信任的存在，是培养孩子健康情感的一部分。爱，真的需要说出来。美好的情感当你说出来时，也会唤起别人同样美好的情感。”经常对孩子示爱，不仅可以提高孩子的情商，更能扶正他的行为，改变他的性格，让孩子心里始终充满阳光。

传统的内敛文化使父母羞于对孩子说“我爱你”，可别小瞧这简短的一句话，它能让孩子确认：“妈妈很爱我”。要知道，孩子无法理解父母含蓄的爱。只有最简单、最直白，甚至是带有夸张的情感表达，才能让他们“看得见、摸得着”。否则，他们会对父母的爱无动于衷，甚至认为父母不爱自己。所以，爱孩子，不妨大声告诉孩子“我爱你”。

父母的爱意表达，可以使亲子感情更密切，能让孩子的心灵得到满足，感受到幸福，还能帮助孩子减压，建立自信心。为了孩子幸福健康地成长，为了孩子在享受爱的同时，将更多的爱播送给他人，无论工作多忙，都要抽出时间和孩子在一起，真诚地向他们示爱，让爱更加具体而温馨。

斯宾塞支招DIY

爱是需要明示的，必须直接表达出来。只有这样，孩子才能真切地感受得到。所以，爱孩子就要明确地告诉孩子，使他们感受到父母的浓浓爱意。

●**随时表达父母的爱意。**向孩子示爱不分时间场合，随时随地都可以进行。清晨起床告诉孩子“我爱你”，能让孩子一天有个好心情；晚上睡觉前，对孩子说：“宝贝，晚安，妈妈爱你！”相信孩子梦里也香甜；当孩子做出好的行为时，及时鼓励他：“你真棒，我爱你！”孩子一定会备受鼓舞、再接再厉；在孩子遇到困难和挫折时，不妨说："不要怕，妈妈爱你，希望你能坚持下去。"这无形中为孩子注入了勇气和动力；孩子犯了错误，你可以说："这件事我认为你做得不对，但妈妈爱你，希望你改正错误。"这种爱的表达会消除彼此之间的隔阂，令亲子关系更进一步。

●**放下做父母的架子。**很多时候，父母无法向孩子表达自己的情感，并不是不爱孩子，只是因为放不下做父母的架子。所以，在向孩子示爱以前，不妨把自己假想成孩子，设身处地地进入孩子的角色。这样一来，成了孩子的小伙伴，说出"我爱你"也许就不再那么难以开口了。

●**对着镜子预演。**如果实在觉得难以直接说出"我爱你"，可以先对着镜子说几遍，事先做一番演练，当第一次对孩子表达后，慢慢就习惯成自然了。

●**让行动为爱加分。**如果能在用语言向孩子明确示爱的同时，顺势给孩子一个拥抱，亲亲他的小脸蛋，抚摸一下他的头，会让孩子得到更大的满足。这种来自父母的双倍的"爱"的信号，会使孩子倍感温暖。他们的自信也好像被充足了"电"，起码会促使他们在好长一段时间愿意做个听从父母指导的好孩子。

斯宾塞小语

让孩子感受到、听到、看到、触摸到爱和信任的存在，是培养孩子健康情感的一部分。爱，真的需要说出来。美好的情感当你说出来时，也会唤起别人同样美好的情感。

爸妈私房话

第七章

习惯与能力的培养，铸就孩子无限的前程

习惯是人的第二天性，良好习惯的形成是成功的开始，而能力的大小取决于幼年时期所受到的正确引导与培养。斯宾塞认为，教育孩子就是培养他们良好的习惯，有了良好的习惯才能促进能力的发展。

好习惯，让孩子终身受益

培养孩子终身受益的习惯吧，从生活中去选取教材。这是父母能给予孩子最好的礼物，它胜过金钱、财富、地位。

——斯宾塞

阅读时间：25分钟　　受益指数：★★★★★

习惯始于有趣

培养孩子良好的行为习惯，单凭简单的示范和说教很难起到应有的作用。而针对孩子的兴趣出发，让他们在趣味中学会做事，养成良好的习惯，则会达到事半功倍的教育效果。

故事的天空

3岁的楠楠有一个“毛病”令妈妈很苦恼，小家伙喜欢把自己的玩具都翻出来，这个玩一会儿，那个摆弄一阵子，然后就放到一边，又对其他玩具产生了兴趣。妈妈不知道提醒了多少回，把玩过的玩具放归原处。可是，小家伙就是不听，妈妈只好边数落，边收拾，整天撵在孩子

的身后忙活着。

老同学罗敏听她诉苦后，给出一个奇妙的好主意，她听后如获至宝，回家后赶紧开始实施起来。

趁儿子睡觉之际，妈妈用好看的纸箱做成卡通造型，如小房子，代表玩具熊的家：形如门洞的是车库；在箱子上画一个小兔子头，代表是玩具兔的窝；等等。然后，把这些生动好看的小箱子一一排列在楠楠的小房间的一个角落，里边装上相应的玩具。

楠楠睁开眼睛，就开始找玩具。

妈妈适时出现在他的面前，说："现在想玩什么玩具呀？"

楠楠说："小汽车。"

妈妈拉着儿子的小手，指着那排小箱子说："好吧，现在请小司机去车库把小汽车开出来吧。"

楠楠见到如此漂亮的一排小箱子出现在眼前，十分高兴，他很顺利地找到车库，把小汽车"开"了出来。

看儿子玩够了，妈妈说："咱们把小汽车'送进车库'吧。"

楠楠高兴地把小汽车送了回去。以此类推，很快他就知道小熊要回房子里，小兔子要钻进洞洞，从此养成了玩过的玩具及时归位的好习惯。不仅如此，在妈妈的引导下，他还知道把用过的用品也一一送回原处呢！

吕姐爱心课堂

习惯成自然是谁都明白的道理，可是要想让孩子养成一个良好的习惯，却需要时日，也需要父母费尽心思才行。对于一个几岁的孩子来说，他们随意性是很大的，如果父母不及时予以引导，就会使孩子养成懒散、乱扔乱放等各种不良习惯。

斯宾塞说："一个人只有对一件事情有兴趣，才会愿意去不断尝试，并最终形成习惯。只有有兴趣，才能将自己的注意力与一定的目的、目标相结合。一旦自身要实现的某一理性目标与那些有趣的事情变得同步，那么有趣的事情就会被巩固下来，也就成了人们主动选择的习惯。"是的，习惯产生于诱导，而诱导在于有趣。楠楠妈妈之所以诱导成功，就在于抓住了孩子好奇的心理，通过好玩有趣的游戏形式，让儿子心甘情愿"缴械"。有趣，使他主动养成了物品归位的良好习惯。

当然，父母对孩子的不良行为加紧督促和训斥，也是会有一些效果的。但是，这种效果仅仅是表面的。因为这种意识并没有深入孩子的大脑，没有与孩子融为一体，远不如激发他们的兴趣更能让孩子积极主动去长久地坚持做事情。

明智的父母应根据孩子不同的兴趣点，找到诱导的时机，把外在的目的和他们的需求兴趣结合起来。这远比无数次的要求、说教的作用大得多。

斯宾塞支招DIY

良好的习惯是可以通过教育来实现的，父母应该综合利用各种资源，帮助孩子形成好习惯。而通过兴趣引导是最关键，也是最有效的。所以，不妨利用孩子的好奇心、好胜心，使他们在充满愉悦的氛围中快乐地接受父母的引导，逐渐培养起良好的行为习惯。

●**找准孩子的兴趣点。**在培养孩子们良好行为习惯时，除了必要的示范与说教外，还要做一个有心人，发现孩子的兴趣点，以此为契机进行兴趣引导，让孩子主动去做事情，才能起到良好的效果。

●**妙用动画人物。**在卡通时代，孩子都有自己喜欢的动画形象，如天线宝宝、奥特曼、大头儿子、小熊维尼等。如孩子没有养成饭前洗手的习惯，妈妈可以在洗脸池前贴上孩子喜欢的卡通形象，模仿动画人物的口吻对孩子说："要吃饭了，天线宝宝请小朋友去洗小手！"孩子多半会听从建议，而积极主动跑去洗手。

●**在游戏中培养好习惯。**游戏能给孩子带来欢乐和满足，通过游戏来培养良好的行为习惯是许多父母都采取的方法。请布娃娃去旅游、把小汽车送回车库等，这种玩中套着玩法的游戏，孩子是十分感兴趣的，天长日久，就养成了良好的习惯。

●**利用孩子的好胜心。**小孩子都喜欢争强好胜，父母不妨利用孩子的这种心理和他们展开竞争或比赛。一般来说，他们会非常乐意"参战"的。比赛一下看谁穿衣服最快，谁叠的被子最整齐，谁收拾的房间最干净。在家里显眼的地方挂一块小黑板，写上各自的名字，每天计分，赢的人得到奖励，相信孩子的积极性一定会非常高涨。这样坚持一段时间后，他们自然就养成了好习惯。

●**儿歌、故事来帮忙。**孩子偏爱听故事和朗朗上口的儿歌，父母可以利用这些文学形式来培养孩子的良好习惯。如把洗手的过程编成孩子感兴趣的童谣，用故事帮助孩子改掉坏习惯，通过与孩子一起"演戏"，培养孩子的好习惯，都能起到良好的教育作用。

斯宾塞小语♡

一个人只有对一件事情有兴趣，才会愿意去不断尝试，并最终形成习惯。只有有兴趣，才能将自己的注意力与一定的目的、目标相结合。一旦自身要实现的某一理性目标与那些有趣的事情变得同步，那么有趣的事情就会被巩固下来，也就成了人们主动选择的习惯。

专注培养，从兴趣开始

父母要善于在生活中发现孩子感兴趣的事物，并通过兴趣引导他们来锻炼自己的专注力，以使孩子逐渐养成做事专注的好习惯。

故事的天空

在公园里，两岁半的朵朵对什么都很感兴趣，她牵着妈妈的衣角，转动脖颈，新奇地看着四处。突然，她停住不走了，妈妈见朵朵盯着自己的脚下看，便站在那里耐心地等待着。

朵朵发现了什么新奇呢？原来，地上几只忙碌着搬家的小蚂蚁吸引了她的眼球。朵朵在想，它们的家在哪里呢？于是，便跟在小蚂蚁的后边，一步一步地挪动着，眼睛一直没有离开小蚂蚁，一直到了一株丁香树下，她发现小蚂蚁突然多了起来，有的在往洞洞里钻，有的刚从洞洞里出来，大家都匆匆忙忙的，没有一只小蚂蚁停下脚步。

当女儿专注地观察着小蚂蚁时，妈妈就拿出一本书，靠在一根路灯杆下看了起来，只是偶尔地投过去一瞥，见女儿还蹲在那里低头看着蚂蚁，便收回目光，继续看着手里的书。

这一幕，被邻居张大妈看在眼里，她同朵朵妈妈打过招呼，好心地提示道："别把眼睛全盯在书上，要操心孩子啊。"

朵朵妈妈笑笑，谢后说："没事的，她正在专心地做'研究'工作呢。"

张大妈向朵朵看了一眼，有些狐疑地说："地上有什么值得研究的，小孩子嘛，不知道爱干净，别让孩子弄得一身土，很不卫生的。"

朵朵妈妈笑笑说："难得她有兴趣，没关系的。"

张大妈离去时，嘴里还叮嘱着："要看好孩子，一家就这么一个独苗，都是宝贝疙瘩，大意不得呀！"

吕姐爱心课堂

孩子天性爱动，对什么都很感兴趣，注定他们缺乏专注力。但是，如果父母能够及时予以引导，帮助孩子收心，激起他们强烈的好奇心，是能够让孩子把注意力集中起来的。

斯宾塞说："让一个孩子保持专注，可以说是很困难的事。孩子的本能就是好动、见异思迁、喜新厌旧的。但是，当孩子对一件事情感兴趣的时候，他却又会变得专注起来。因此，我们需要通过诱导和重复来帮助孩子养成专注的习惯。"

做事专注的好习惯，对孩子以后的学习和工作都会产生深远的影响。那些成功人士，有哪一个是做事三心二意、坐不住板凳的？他们多半是把注意力和主要精力用在一处，经过艰难的探索和反复的求证才获得成功。专注习惯的培养，需从小抓起，抓得越早，习惯越容易养成，且取得的效果也就越好。

在孩子求知和现实的所有行为中，缺乏专注是十分常见的。这里边除了孩子发育特点外，与父母不合理的教养方式也有一定关系。有的父母不考虑孩子的兴趣，强迫他们做一些自己认为很重要的事情，孩子缺乏做事热情，自然难以集中注意力。还有的父母同时给孩子安排多个任务，太多的指令使孩子顾此失彼，也很难静下心来专心做事。或者孩子活动的环境过于嘈杂，在活动或学习时，父母给予的指导太多，都容易让孩子分心，使他们的注意力无法集中起来，更谈不到专心了。

孩子的专注力是很容易受外界因素干扰的，父母应为孩子创设一个相对安静的做事环境。在孩子对某件事情感兴趣时，最好不要去打扰他们，借助兴趣来锻炼孩子的专注力。当孩子将专注慢慢变为自己做事习惯的时候，他就能越来越多地体会到专注带给他的快乐与成就感，他未来的生活与事业也将会变得更加美好。

斯宾塞支招DIY

专注力比较高的孩子，做任何事情都会事半功倍，并且能从中获得成就感，继而就是充足的自信心和强烈的学习意愿。这是孩子未来学习与工作的基础，也是事业获取成功的必备条件。所以，父母一定要重视孩子专注力的培养，以使他们逐渐养成做事专注的好习惯。

●**在兴趣中培养孩子专注的好习惯。**当孩子对某件事物感兴趣时，就会很投入、很专心，父母应从孩子的兴趣出发，在生活中及时捕捉和发现孩子的兴趣点，然后加以引导，使之不断重复，最终形成习惯。如孩子对识字感兴趣，就让他多接触有文字的东西，在家里看书上的文字，到大街上去看店铺招牌、广告宣传画等，从而使孩子的注意力在有趣的识字活动中得到培养。

●**选择孩子的兴趣。**在培养孩子的专注力时，一定要选择孩子感兴趣的事情，而不是去选择父母自己感兴趣的。这样，孩子才能有动力、有激情，培养起来就会容易许多。

●**在游戏中训练孩子的专注力。** 孩子在游戏活动中往往十分投入，其注意力集中程度和稳定性较强。由于心情愉快，孩子很容易"入戏"，游戏是锻炼培养专注力的好办法。父母要多与孩子一同开展游戏活动，并在活动中有意识地培养孩子的专注力，定会起到事半功倍的好效果。

●**一段时间只做一件事。**为了让孩子专注做事，父母不要给孩子一下布置过多的任务，在一定的时间内只让他做一件事。如孩子喜欢拼图，就不要把其他玩具一股脑儿地摆在他面前，待他玩够了拼图后，再选择别的玩具；一本书一定要看完，否则不能去看第二本，除非他决定不再看第一本了；或者一定要将一幅画画完，而不能中途放弃去做别的事情；等等。这样经过反复多次的锻炼，孩子就会逐渐养成做事专注的好习惯，并且还能从这种专注中找到乐趣。

●**要循序渐进培养。**培养孩子做事专注的习惯，不是一朝一夕的事情，父母要有耐心。刚开始从一件他感兴趣的事做起，接着再由几件很有趣的事情来培养他专注的习惯，让他体会专注所带来的快乐。最后将这种专注引申到求知上，让他不断在生活中重复专注。孩子做事专注的习惯就逐渐养成了。

斯宾塞小语

让一个孩子保持专注，可以说是很困难的事。孩子的本能就是好动、见异思迁、喜新厌旧的。但是，当孩子对一件事情感兴趣的时候，他却又会变得专注起来。因此，我们需要通过诱导和重复来帮助孩子养成专注的习惯。

点滴累积，就会有无尽的“财富”

每天一小步，只要长期坚持，也能走出一条很长的路。父母要在日常生活里指导孩子学会积累，养成习惯。

故事的天空

幼儿园门口的告示栏里，张贴了一张醒目的表扬信，一群接园的家长牵着孩子的小手，围在那里看着、评论着。

枝枝妈妈领着5岁的枝枝从旁边经过，好奇的枝枝也挤到近前观看。

这时，一个小朋友仰起脸来问妈妈：“妈妈，这张大大的红纸上面都写些什么呀？”

妈妈对女儿说：“是一封表扬信啊！”

女儿进一步提出要求，说：“那念给我听听吧。”

妈妈借机鼓励道：“你已经学了一些字了，自己试着念一念好不好？”

小女孩儿果然开始了尝试，可是上面大多是自己不认识的字，磕磕巴巴地念了几个字就进行不下去了。

这时，枝枝自告奋勇地大声朗读起来，一口气把内容都读了出来，竟然没有一个不认识的字。

许多家长都很惊讶，用钦佩的眼光看着枝枝妈妈和枝枝。

有熟识他们的家长羡慕地对枝枝妈妈说：“你真了不起，

看把孩子调教的，小小的年纪，就认识这么多字。”

有的家长趁机求教说：“你是怎么培养孩子的？把经验给我们传授一下吧。”

枝枝妈妈说：“其实，也没有什么特别的方法。只是从小让他养成了积累的习惯，从3岁左右时，我就几乎每天教他一个生字，第二天在开始学新的生字前，再温习前一天所学的。当然，在平时的生活中，也要多引导孩子识字。就这样日积月累，像滚雪球一样，越滚越大，孩子认识的字自然也越来越多了。”

吕姐爱心课堂

知识是一个逐渐学习积累的过程，对于孩子来说，不能强求他们一天学习多少内容，而是想办法让孩子每天记住一点点。通过日积月累，使他们轻松地增加自己的“学识”。过大的压力和一曝十寒的做法都不可取。

斯宾塞倡导通过积累让孩子增进学问是很有道理的。他说：“人活在世界上，并不是每时每刻都是兴高采烈、激动不已的，相反很多时候都是平淡无奇的。我们要善于在平淡中发现乐趣，积累知识无疑是其中最有意义的活动。”从小斯宾塞很小的时候起，斯宾塞就开始有意识地培养他逐渐养成积累知识的习惯。为此，还特意为他准备了一个可以长期保存的小笔记本，让他将每天学到的东西都记上去。小斯宾塞就是靠着这样日积月累，变得出类拔萃的。

知识的积累是如此，其实对于孩子来说，道德品质的积累也同样如此。孩子每天做一件小小的好事情似乎微乎其微，可是积累起来他就会成为一个道德高尚的人。父母在教育孩子时，要在日常生活中善于引导，积极做出示范，帮助孩子去逐渐积累知识、道德品质、情感等，使孩子成为一个品德优良、学识渊博的人。

斯宾塞支招DIY

积累是一项长期的事业，需要耗费时间和精力，更需要耐心与毅力。父母要找到孩子的兴趣点，引导他学会积累，并对积累产生兴趣，使他逐渐将积累演变为一种习惯。

●**从储蓄金钱开始。**培养孩子的积累习惯，不妨从储蓄金钱开始，这是最容易见效，也是最有成就感的。父母可以为孩子准备一个存钱罐，告诉他把平时的零花钱都放进罐里，过些日子，他就能拥有一小笔数目可观的存款了，然后可以用这些钱去买一些自己喜欢的东西。这对孩子来说很诱人，他们一定会兴趣高涨地开始认真存钱。

●**让孩子对积累产生兴趣。**有了兴趣，才更容易养成习惯，所以首先要让孩子有积累的兴趣。父母可以就储蓄金钱接着引导孩子，让他做一个记录，将每笔钱因何得来、数量是多少全都记下来，过一段时间取出来与之前做个比较，看看增加了多少，有没有丢失的情况，告诉他这样会更加有趣。相信孩子也会把它作为一种很好玩的游戏，而且当他每次看到金钱在一点点增多时，会非常有成就感。这样一来，他就会体会到积累带给他的快乐，并对积累产生兴趣。

●**积累知识。**当孩子有了记录的习惯和积累的兴趣，培养他们积累知识就容易多了。给孩子准备一个漂亮的笔记本，从他最感兴趣的事物着手，让他把每天所学到的知识记在上面。这样积少成多，孩子逐渐就能掌握很多知识了。

●**积累善行。**善行也是需要点滴积累的，要鼓励孩子从身边的点滴小事做起，拾起一张小纸片，关掉一个水龙头，参加一次公益活动，都是善行之举。在日积月累中，在日复一日、年复一年的努力下，就会取得很大的善行了。

●**积累情感和爱心。**在生活中，父母要引导孩子多关心他人、帮助他人，与人友好相处。对家人要有孝心，对他人要有爱心。让他们从对别人的关爱与友谊中，体会内心的幸福与快乐。

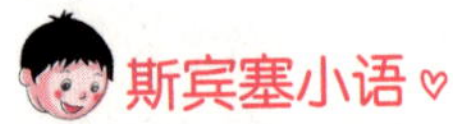

人活在世界上，并不是每时每刻都是兴高采烈、激动不已的，相反很多时候都是平淡无奇的。我们要善于在平淡中发现乐趣，积累知识无疑是其中最有意义的活动。

爱劳动，才能收获幸福生活

劳动是人类赖以生存的基础，也是社会能够正常运转的根本，同时也是体现一个人价值的最有效途径。一个人，不管知识多渊博、多富有，都需要劳动。因此，父母从小就应该培养孩子热爱劳动的好习惯。

故事的天空

周日的早晨，京京爸爸蒙着头想睡一个懒觉，可是5岁的儿子却跑来掀起被子，对着他的耳朵哈着热气喊道："大懒虫，不许睡懒觉，太阳都照屁股啦。"

爸爸与儿子争夺着被子，求道："好儿子，就一小时。"

京京丝毫不通融："不行，一分钟也不行。"

爸爸只好降低要求："十分钟好不好。"

京京还是不答应，说："你的任务是拖地，赶快起来干活儿。"

爸爸只好无奈地举手投降，乖乖地从床上爬起来。

京京押着爸爸出来还不算，直到爸爸开始拖地，才跑进盥洗室拿抹布，他的任务是擦低矮的家具。

别看京京小，干起活儿来蛮认真的，不仅把自己的活儿干好，还监督爱偷懒的爸爸呢。爸爸在儿子面前可不敢藏奸耍滑，因为他要给儿子做出榜样。

京京之所以养成爱劳动的好习惯，也是父母一点一点引导而养成的。从前小家伙比爸爸还懒，后来家里制订了家规，进行家务分工，并且推举京京当上了监督员后，情景大不一样了，小家伙认真负责，对谁都不留情面。结果，一家人都很勤快，特别是京京，分内的任务完成了，还主动自己去找活儿干呢！

吕姐爱心课堂

劳动不仅锻炼筋骨，也是一种益智活动。孩子通过劳动掌握动作要领，通过劳动知道如何按程序去做事情。同时，让孩子明白，劳动也是生存的途径。

斯宾塞认为："在日常生活中，经常让孩子通过一定的劳动来换取他所想要的东西，比简单地给予要好得多。简单地给予可能满足了父母'给予的乐趣'，却使孩子失去了自己争取的快乐。而让他用劳动来换取，则不仅给了他这样东西，还让他学习了生活的过程。"

其实，生活中有许多事情是孩子可以自己做的，只是由于身边有可以依赖的人，他们就不做了。父母应该给他们做事情的机会。否则，孩子永远也体会不到通过自己努力带来的快乐。父母没有原则的给予和满足，会使孩子缺乏独立性，他们逐渐会把一切都看成理所当然的，更加习惯于依赖大人。

在孩子的天性里，他们喜欢劳动，因为他们不知道劳动和游戏有什么区别。加之爱模仿父母，当大人在忙着做家务时，也喜欢插手帮忙。可是，父母的一句"不要添乱，自己玩去吧"，无形中就扼杀了孩子的劳动欲望和热情。如果父母借机给他们创造条件，满足他们参与的愿望，孩子就会兴致勃勃地做起家务。久而久之形成了习惯，他们自然对劳动不排斥，甚至喜欢上劳动了。

当然，父母也不能让孩子过多地劳动，过重的体力劳动会影响孩子的求知兴趣和精力。特别是孩子做不到的事情，尽量不要安排孩子参与或独立去完成。培养孩子的劳动意识是对的，但剥夺了他们的其他学习时间会影响到孩子的全面发展。毕竟，孩子的主要任务不是劳动，而是学习。

劳动不但是人的本能，也是人身心健康的保证，更是一个人实现自我价值的基础。因此，父母一定要去除对孩子的溺爱和不正确的劳动观念，有意识地培养孩子热爱劳动的习惯。

斯宾塞支招DIY

劳动是人类赖以生存的基础，因此父母从小就应该培养孩子热爱劳动的好习惯。使孩子懂得劳动对人生的重要作用，懂得生活的艰辛，得到意志的磨炼，逐步提高他们独立生活的能力。

●**身教重于言教。**要想孩子勤快，父母必须做在前头才行。否则，孩子看不到榜样，是不会主动去劳动的。父母应该给孩子做出示范，让孩子看到具体步骤，这样孩子才能由生疏到熟练，逐步掌握基本要领。

●**制订适当的家规。**家规是家庭成员共同遵守的生活规范和行为准则，是潜在的强大教育力量。制订明确、合理、可行的家规，有利于孩子的健康成长。劳动是家规的主要内容之一，应条理清楚，具体到细节。如每天起床后必须自己叠好被子，清理房间，打扫卫生等。在制订家规时，一定要让孩子参与制订，这样他就会担当起承诺的责任，很好地去执行。

●**从兴趣开始。**孩子的好奇心强，什么都想尝试，当看到孩子模仿父母做事时，应及时地给予他们引导。从兴趣出发，更容易培养孩子爱劳动的习惯。如看到父母洗衣服搓出许多漂亮的肥皂泡，他们也会积极参与，这时不妨给他一个小手绢或小袜子，让他亲自尝试。

●**及时进行鼓励。**当孩子主动做家务时，父母要及时予以夸奖和鼓励。这会使孩子很有成就感，能够提高他们做事的积极性，从而更加愿意帮父母做事，逐渐养成热爱劳动的好习惯。

●**放手让孩子参加劳动。**要给孩子劳动的机会，有些孩子不参加劳动是父母不给机会造成的，扫地、倒垃圾、收拾碗筷、择菜、洗菜等都可以大胆放手让孩子去做。劳动能使孩子的身体、思想、能力得到锻炼，父母不要错过通过劳动教育孩子的机会。

●**要给孩子安排经常性的劳动岗位。**好习惯贵在坚持。让孩子养成良好的劳动习惯，除了兴趣培养，还需要不断地巩固才行。所以，不妨给他们安排一个固定的劳动岗位，每天都让孩子坚持做些家务。如吃饭前负责拿碗筷，或者负责饭后扫地、倒垃圾等。

●**带孩子参加一些公益劳动。**公益劳动不但可以培养孩子的劳动习惯，还有助于培养孩子的爱心。如打扫公共卫生、帮邻居拿报纸、植树、种花等。

斯宾塞小语

在日常生活中，经常让孩子通过一定的劳动来换取他所想要的东西，比简单地给予要好得多。简单地给予可能满足了父母“给予的乐趣”，却使孩子失去了自己争取的快乐。而让他用劳动来换取，则不仅给了他这样东西，还让他学习了生活的过程。

阅读，赋予孩子无穷的能量

阅读可以使孩子增长知识、开阔视野，有利于他们的观察力、想象力、思考能力及语言表达能力的发展和提高。父母应及早培养孩子良好的阅读习惯，让他们从小意识到看书和吃饭、喝水一样自然、重要。

故事的天空

清晨，阳光从窗口射进，整个房间变得豁亮起来。6岁的憧憧洗过脸，便走进爸爸的书房，选了一本童话书，开始了每天坚持的10分钟阅读。这个好习惯她已经坚持了快三年了，很少有中断的时候。

这时，父母也相继走了进来，各自拿起中意的书本开始阅读，满屋子飘荡着书墨的香气。

这是一个周日的早晨，当一家人做完晨读后，恰好有客人来访，迎进门的是住在城市另一头的表妹和她4岁的儿子朝朝。

表妹见到表姐就诉苦：“这孩子太贪玩，就是不肯坐下来看看书。”她用羡慕的眼神看着憧憧，“还是女孩好啊，多听话，不爱惹是生非。”

憧憧妈妈摸着小外甥的头说：“谁说朝朝不爱学习，去，和姐姐一起读书，让你妈妈看看。”

朝朝兴冲冲地撵着小表姐进了书房。

姐弟俩坐下来接着聊天，憧憧妈

妈说："还怪孩子不爱学习，看看你家，有几本书？没有环境，加上不去引导孩子，他怎么能养成读书的习惯？"

表妹也觉得责任在大人，对表姐说："这不，向你来取经啦。"

憧憧妈妈把自己的一套方法传授给了表妹，并慷慨地把家中的一部分适合4岁左右孩子阅读的图书借给她，然后叮嘱道："贵在坚持，养成习惯就好了。"

书房里，平时爱动的朝朝坐在小椅子上，很羡慕地看着小姐姐在熟练地阅读着《小马过河》，大有跃跃欲试的劲头。

吕姐爱心课堂

书籍是人类进步的阶梯，这句名言证明了一个真理，那就是：在人类的知识传递过程中，书籍总是起着巨大的作用，推出一代又一代的有学识的人，他们利用知识不仅改变了自己的命运，也推动了人类文明的发展，让更多的人受益。这就是知识的力量。

斯宾塞认为："一个家庭也应该有一些藏书。不管世道如何变，家境如何变，但书中的知识和智慧是不会变的。有的家庭，图书一代又一代积累下来，不但成为孩子可以遨游的一个巨大知识空间，而且还留下宝贵的求知的传统。"

事实上，有藏书的家庭和几乎没有什么书的家庭，从孩子最初的教育环境上就已经出现差异，教育孩子的好坏程度就有了分水岭。当然，更重要的是要培养孩子读书的兴趣，并让他养成阅读学习的习惯。否则，即便有了藏书环境，也等同虚设，起不到应有的作用。

培养孩子阅读习惯，是需要时间的，贵在坚持。父母要重视培养孩子的阅读能力，激发孩子的阅读兴趣，让他们能自觉自愿地去接受书籍赐予的智慧。因为书籍是有限的人生了解无限世界的一种媒介和有效途径，陪孩子一起读书，使孩子养成阅读的习惯，他们会在潜移默化之中受到熏陶而热爱读书。

读书的好处多多，既可以让孩子获取广泛的知识，陶冶情操，又有利于孩子观察力、想象力、思考能力及语言表达能力的培养。养成读书的好习惯，还能使孩子得到放松休闲，缓解焦虑，调节情绪。一个爱读书的人，会不断提升自己各方面的能力，读书是提高其综合素质的有效途径。阅读具有一种神奇的魔力，它能不显山、不露水地赋予孩子不同的能量。一旦孩子爱上阅读，养成爱读书的好习惯，迷人的好风景就会一路扑面而来。

斯宾塞支招DIY

阅读就像空气、阳光、食物和朋友，养成阅读的习惯，会让孩子受益一生。孩子的阅读习惯是需要经过后天的学习与练习才能获得的。所以，父母应该积极行动起来，引导孩子爱上阅读，激发他们的读书兴趣。

●**及早引导孩子阅读。**培养孩子读书的兴趣，开始得越早越好。阅读开始得越早，阅读时思维过程越复杂，对智力发展就越有益。所以，当孩子几个月大时，就应该坚持给他们唱一些儿歌和朗读一些童话故事，让孩子通过"听"来感受书的魅力。待孩子认识了一些字后，就陪伴孩子一起阅读。

●**父母自己必须喜欢读书。**家里的每一个成员都要养成读书的习惯，身处阅读环境下，孩子也会耳濡目染，加上孩子本身就喜欢模仿大人的样子，自然也会拿本他自己喜欢的图书仔细阅读。一个家中无藏书、父母又不爱读书的家庭，是很难培养出一个爱读书的孩子的。

●**给孩子一个属于自己的书柜。**孩子阅读的图书不要和大人的混放在一起，最好给孩子准备一个大小高矮适中、属于他自己的书柜或书架，以便于他们拿放。当孩子需要阅读时，自己随时可以拿到。这种骄傲感和主人翁感，会让他们和书之间轻松建立起一种亲密的关系。既有利于培养孩子对书的感情和兴趣，也培养了他们爱护和整理图书的好习惯。

●**帮助孩子选择一些好书。**拥有很多书籍当然很好，但是一定要适合孩子阅读才行。所以，父母要帮助孩子选择适合他们阅读的图书。可根据孩子的年龄，着重选择一些有色彩图画的小故事、科幻故事以及动物的童话等。

●**营造良好的阅读环境和氛围。**有了书，还要有一个良好的阅读环境。父母要给孩子营造出一种健康、整洁、温暖和快乐的阅读环境和氛围，让孩子对阅读产生兴趣。只有这样，他们才能逐渐养成阅读的好习惯。

斯宾塞小语

伟大的书籍会对人的一生都产生深远的影响。因此，父母要重视培养孩子的阅读习惯，激发孩子的阅读兴趣，让他能自觉自愿地去接受书籍赐予他的智慧。

养成计划的习惯，让孩子做事有条理

要想孩子做事有条理，必须引导他们学习有计划地做事。只有养成合理安排、计划做事的好习惯，他们才能有条不紊地照料好自己的生活，并从容地应对学习和处理各种事情。

故事的天空

妈妈把5岁的儿子琦琦从幼儿园接出来，就叮嘱他，回家赶紧写作业，然后再出去玩。小家伙点头应着，表示知道了。

回到家里，妈妈又叮嘱一番，然后才进厨房做晚饭。

琦琦虽然把写字本从小书包里拿了出来，可是他不想写作业，打开电视看起了动画片。妈妈听到声音后，赶紧过来把电视关掉，要他先写完作业，小家伙却缠着妈妈要听故事，弄得妈妈哭笑不得。

这时，好朋友连玲打来电话，妈妈只好任凭儿子去玩，同她煲起了电话粥。

连玲听完好友的诉苦，说："这是孩子没有养成做事有计划的习惯，从现在开始，必须给孩子制订计划，监督孩子按计划去完成相应的任务。当孩子养成习惯后，自然大人就轻松多了，还哪来的烦恼？"

放下电话，琦琦妈妈决定立即开始行动，他把正在玩玩具的儿子抱到沙发上，说："宝贝儿，从今天起，咱们制订一个好玩的计划好不好？"

一听说好玩，琦琦立即两眼放光，催

促妈妈快说出来。于是妈妈把草拟的计划讲给儿子听，问他还有没有什么不同意见和需要修改的。琦琦觉得可以接受，因为上面除了写作业，还有看动画片、玩玩具、出去找小朋友等。

妈妈说："那就从现在开始执行吧。"

琦琦立即行动起来，很快就把生字写完，然后跑出去找小朋友玩耍了。

琦琦妈妈总算舒心地长出一口气，高兴地想：看来这招还真灵，一定要坚持下去，让琦琦把这个好习惯养成。

吕姐爱心课堂

孩子做事有没有条理，完全在于父母的引导，采取放羊式的教育方法，恐怕很难调教出做事有板有眼的孩子。

斯宾塞说："几乎所有孩子，天生都是缺少时间概念的。他们渴望自由，无拘无束，如果父母不加指导，直接就将大把的时间交给他，他就会像挥霍空气一样毫不在意。恰当的方法是督促孩子为自己做一份每天的时间安排表，让他按照自己定的内容去做。"为此，他和小斯宾塞一起制订了一份详细的日常生活计划。经过数月的监督和巩固，终于使小斯宾塞养成了做事有计划、有条理的好习惯。

做事有计划对于一个人来说，不仅是一种做事的习惯，更反映了一种生活态度。它是一个人取得成功的重要因素。对于孩子而言，让他们从小养成做事有计划的习惯，可以帮助他们有条不紊地照料自己的生活，更好地从容应对学习和处理各种事情。

生活中有很多孩子做事没有计划，想起什么做什么，往往是做了这件事，忘了那件事，结果什么事情都做不好。一个人做事没条理、没计划，说明他的逻辑思维能力不强，处理问题缺乏系统性，做起事来容易鲁莽草率，这样的人很难被委以重任。因此，父母应从小重视培养孩子做事有计划的习惯。当然，让孩子养成做事条理分明是需要时间的，父母心急不得，要给孩子一个逐渐适应的过程。

计划是实现目标的蓝图，好的计划等于成功的一半。当孩子养成了有计划做事的好习惯，他们就会按照既定的安排，有条不紊地学习、玩耍、生活，一步步地将目标实现。

斯宾塞支招DIY

计划能使人做事有方向，从而更容易达到自己的目标。让孩子学会做事有条理、有计划，对他们一生的成功都很重要。一般来说，做事情有计划的孩子往往十分自信和有成就感。当他们看到目标在一点点向自己靠近时，会感到格外自豪。

●**培养孩子的时间观念。**在日常生活中，父母要有意识地培养孩子的时间观念，让孩子明白什么时间应该做什么事，如几点起床，几点睡觉，按时吃饭，饭前便后要洗手等，这些都是做事有计划的前提。

●**尊重孩子的意见。**在制订计划时，父母不能想当然，而不征求孩子的意见。而应允许孩子提出自己的想法和意见，因为目标最终要靠孩子自己去实现。一旦目标制订下来，就要鼓励孩子坚持下去，因为坚持计划比制订计划要难得多。

●**监督孩子严格按计划办事。**同孩子一起制订了计划，父母要起到监督作用，如孩子作业写到一半就跑去看动画片，就要及时提醒，减少孩子分心，从而养成做事有始有终、有条理的好习惯。

●**为孩子的计划做评价。**针对孩子每天完成计划的情况，父母可以用打分的形式，让他有所感触。一周下来，一个月下来，做一个综合评价，如果计划完成得好，可以给予他适当的物质或精神奖励，以促进孩子更认真地去执行他的计划。

●**引导孩子做事之前制订计划。**每做一件事都要事先计划一下。如出门旅游，与孩子一起计划行程，包括如何坐车、什么时间到达哪里、该带什么物品等。

●**通过有计划的活动安排去影响孩子。**父母可以向孩子示范自己的计划，把计划内容告诉孩子，并且征求孩子的意见，让孩子帮着计划，使他们知道计划的重要性。慢慢地，孩子就会学着去安排自己的事情了。

斯宾塞小语

几乎所有孩子，天生都是缺少时间概念的。他们渴望自由，无拘无束，如果父母不加指导，直接就将大把的时间交给他，他就会像挥霍空气一样毫不在意。恰当的方法是督促孩子为自己做一份每天的时间安排表，让他按照自己定的内容去做。

能力的倍增，还需正确的引导助力

虽然孩子的生理和心理存在着自然发展的规律，但是如果缺少正确的引导，就会使孩子的能力得不到全面的提升。父母在照顾好孩子衣食住行的同时，还要引导孩子发展各种能力，为了未来的更大的发展夯实基础。

阅读时间：25分钟　　受益指数：★★★★★

不做孩子的拐杖，独立能力早培养

孩子终归要单宿单飞、独立面对世界的。真正爱孩子，就不要做孩子的拐杖，应学会适当放手，让孩子大胆去尝试。唯有这样，孩子未来才能轻松地走出家门，更好地融入社会。

故事的天空

早晨，4岁的杭杭躺在被窝里喊道："妈妈，我要尿尿！"

正在厨房准备早餐的妈妈应声而至，手里提着小塑料桶，看着孩子尿完，把小桶放在一边，开始给孩子穿衣服，套袜子。杭杭倒是很配合，像个小木偶似的任凭妈妈"摆弄"自己。

给孩子穿好衣服后，妈妈伸手把杭杭抱到地上，看着他把脚伸进拖鞋，叮嘱道："去洗脸吧。"然后提起小桶先行进了卫生间，开始往脸盆里兑温水，并伸手亲自试了一下温度，才让靠在门边的儿子过来洗脸。

杭杭妈妈是一个全职妈妈，每天的任务就是"侍候"孩子，一切都围绕着孩子转。杭杭

长到了4岁，还过着衣来伸手、饭来张口的“小皇帝”的日子，从来没有自己独立完成过一件事情。在幼儿园里，别的孩子都能自理，可是杭杭却干什么都笨手笨脚的。三天两头儿地休园，待在家里要妈妈侍候着。

今天，杭杭又不想去幼儿园了，妈妈有些发愁地说：“好孩子，还是去吧。杨老师都找妈妈谈话了，不去幼儿园没法交代呀。”

杭杭张口就来：“就说我病了。”

妈妈摇摇头，说：“这个借口都提好几次啦，老师是不会相信的。”

杭杭转动着大眼睛，想了一下，说：“那就说我死啦。”

妈妈赶紧去捂儿子的小嘴，嗔怪道：“别瞎说！”

杭杭不做声了，一脸的不情愿。

妈妈苦恼地看着墙上的石英钟，心里着急地想：再不出门可就要迟到了。

吕姐爱心课堂

爱孩子没有错，但是如何爱却需要考量。父母都渴望为孩子创造安逸、幸福、快乐的生活环境，却很少把培养孩子如何自理自立放在同等重要的位置。在孩子的吃喝穿戴上，尽量去满足；在起居、做事上处处包办代替。结果孩子身体越来越健壮，可是心理上却处处依赖大人，成了需要无微不至呵护与照顾的“小皇帝”。

斯宾塞很注重对小斯宾塞独立能力、独立意识的培养。他告诉小斯宾塞“生活是自己的事，因此应该自己去面对”。在对小斯宾塞实施独立教育时，他总是尽可能地让小斯宾塞自己去做事情，尽量减少他对大人的依赖。结果，小斯宾塞很快就能适应新的生活、从容应对各种挑战了。

人终究是要独立面对现实社会的，真正爱孩子，就请不要做他们的拐杖。如果孩子从小没有经过独立意识的培养，到那时他们就会显得惊慌失措，不知道如何去应对各种考验。所以，爱孩子，就应把教育的目的锁定在“适应未来生活”上，从小锻炼其独立面对生活的能力。

孩子只有学会了独立做事情，自己去解决问题，才能获得成长的快乐。独立是一种很重要的品质，是一个人品格的重要组成部分，这种品质是在不断地训练和鼓励中建立起来的。为此，在家庭生活中，父母要对孩子大胆放手，鼓励孩子独立做事，为他们提供各种各样的练习机会，使孩子在不断的实践中增强自己的能力。

不要觉得小孩子还不懂事，能做的事情也很少、很有限，等到孩子大些再开始培养其独立性也不晚。其实，正因为孩子小，才更应该让他尝试着独立做事，以便更早确立其独立的性格和意识。孩子自己能做的就不要替他做，孩子还不能够做的，应鼓励他去尝试。只有这样，孩子才会越来越能干，越来越有出息，也才能在未来独自承担起生活的重担，取得骄人的业绩。

斯宾塞支招DIY

孩子就是通过不断“折腾”来促进自己各方面发展的。父母不要束缚孩子的手脚，给他们独立做事的机会，这才是对孩子负责任，也才是一种真正的爱。

●**捕捉孩子独立意识的信号。**孩子有了独立做事的欲望，一定会表现出来。父母应及时予以捕捉，以免人为地剥夺了孩子试图独立做事情的机会。如孩子开始四处乱爬、到处抓东西、抢夺勺子等，都是他们有了独立意识的表现。再如妈妈洗衣服、扫地，孩子要积极参与等，也说明他们已经有了独立做事情的渴望，试图自己来尝试新鲜事物和学习新的技能。父母应在安全的前提下，放手满足他们的意愿。

●**给孩子自己做事情的机会。**父母不要以爱的名义剥夺孩子的自然发展和自由，那些抱着本应该到处爬、到处跑的孩子的父母，端着饭碗一边喂一边追孩子的爷爷奶奶，并不是在爱孩子。要给孩子自己做事情的机会，遵从他们生活和心理的自然发展规律。否则，孩子很难养成独立做事的习惯，变得处处依赖大人。

●**鼓励孩子自己去完成一件事情。**让孩子体验独自完成的成功喜悦，这样孩子就会更相信自己的才能和力量，做事也就更积极主动了。当孩子掌握了一定的独立技能或表现出一些独立性行为之后，一定要给予他们及时的表扬和鼓励，充分调动孩子独立做事的积极性。

●**行为上的独立来源于思想上的独立。**一个人只有在思想上具有了独立自主的意识，才能去主动自觉地学习独立做事，进而才能在行动上体现出其独立的能力。所以，父母应在日常生活中及早培养孩子的独立思想，让他们明白生活是自己的事。如孩子摔倒了，鼓励他自己站起来；当他遇到困难时，鼓励孩子勇敢面对。

●**让孩子自己解决问题。**当孩子面对问题时，父母不要直接告诉他们，应该鼓励孩子去想、去分析，让他们用自己学会的知识与经验来寻找答案。如果孩子实在无法找到答案，父母可以亲身示范、请教他人、陪同孩子一起查阅资料等，让孩子从中学习思考的技巧。

●**独立也要有真爱相伴。**在培养孩子独立意识的同时，也要有父母的真爱相伴。不要因为要培养孩子的独立意识和独立能力，而使爱和教育变得冷淡。当然，也不要因为爱而把孩子紧紧地搂在怀里，而不给他们独立的空间。

斯宾塞小语

教育的目的是使孩子“适应未来生活”。因此，父母应该重视孩子独立能力、独立意识的培养。要告诉孩子，生活是他们自己的事，应该自己去面对。

自主选择，培养孩子取舍的能力

多给孩子一些自主选择的权利，让他们对自己的事做主，是培养孩子责任心的需要。孩子会在不断选择的过程中，逐渐培养起克服困难、战胜困难的顽强意志，形成遇事冷静、有主见的良好心理素质。

故事的天空

5岁的山山站在商场的玩具柜前，眼睛在各种玩具间扫来扫去，一时拿不定主意，心里不停地做着取舍。

妈妈站在一边，默默地看着女儿，耐心地等待着她做出决定。

早上起来时，山山就兴奋不已，因为妈妈答应给她买新玩具了。不过，妈妈有一个要求，这次只能买一个，她必须自己去决定，选择出喜欢的玩具。

山山犹豫了好久，最后决定要那只小熊玩具，至于同样心仪的洋娃娃只好忍痛割爱，等到下一次再“请”回家了。

妈妈问：“已经做出最后的决定了？”

山山看了一眼漂亮的小洋娃娃，肯定地点点头，举起拿在手中的小熊玩具。

趁妈妈付款时，小家伙便迫不及待地跑跳着去玩小熊玩具了。

售货员笑着说：“既然孩子都喜欢，就一起买下呗。现在都是一个孩子，不差这几块钱。”

山山妈妈说：“虽然不差

钱，但是也不能随便满足孩子的要求，这样做的目的，也是要培养她的取舍能力。”

售货员似懂非懂地点点头。

山山妈妈说：“你还是小姑娘，不懂这些。等你以后有了孩子时，就能体会到了。”

吕姐爱心课堂

人的一生会面对许多机遇和挑战，在一次次的诱惑或困境中，如何去抉择，如何做出取舍，显得非常重要。可以说，人生就是一个又一个的选择，一个人的选择往往决定了他的生活和前进的方向。所以，培养孩子的选择取舍能力，是父母必须要给孩子上好的一堂课。

斯宾塞说：“我认为孩子独立选择的能力应该从小就培养起来，越早培养孩子学会自己选择，孩子就越早变得独立自主。一个人只有做自己选择的事情，遇到困难时才会有忍耐、克服的动力和愿望，成功时也才能真正感受到自己明智的选择所带来的喜悦。”是的，选择是一个人的权利，但是能否利用好却并非易事。

在孩子的一生之中将会面临各种各样的选择，该放弃什么，又该选择什么，这些都是孩子成长过程中所要面对的问题。如果从小没有自己选择能力的锻炼，要想做出取舍却是一件很困难的事情。也许有的父母觉得，大人可以帮助孩子做出决定。但是，孩子早晚有一天要脱离父母的依靠，独立去面对以后的生活。因此，一定要从小培养孩子独立选择和取舍的能力，父母的任务应该是尊重孩子的选择权，多为他们提供选择的机会，并适时地鼓励他们自主选择，而不是代替他们去选择。

在现实生活中，许多孩子都缺乏自主选择的能力。这与父母的溺爱有关， 父母既希望自己的孩子做得最好，又不放心孩子的能力，于是干脆以自己的选择来为孩子代劳。这使孩子失去了自己选择的机会，结果培养出一个不爱思考、没有主见、有着强烈依赖思想的孩子。

孩子是有自己的判断力的，他们有自己的观念和判断。只是生活经验还不足，可能会出现错误的判断，这都是孩子成长道路上必须经历的。如果父母不给孩子机会，他们连犯错误的机会都没有了，更谈不到吸取教训。所以，父母必须尊重孩子的自主选择，要让孩子敢于自立，勇于承担自己应尽的责任，通过亲自历练逐渐变得成熟自信起来。

斯宾塞支招DIY

孩子终归要“单飞”的，他们要去开拓更广阔的发展空间。如果自小没有选择的权利，没有体验选择的历练，是不可能选择适合自己的发展道路的，这将会使他们难以迎接未来的各种挑战和竞争。

●**相信孩子的能力。**不放权给孩子自主选择，除了源于溺爱的心理，再就是对孩子没有信心。其实，孩子的成长，本身就是一个不断挑战自我的过程，是需要从历练中得到经验和发展的。父母要相信孩子的能力，给他们做出选择的机会，鼓励孩子去尝试选择。

●**不代替不强迫。**代替孩子做出选择，是父母们常干的事情。要想孩子顺利成长、健康发展，最好尊重他们的意愿，不要代替孩子做出生活的选择。而是要懂得倾听孩子的心声，并尊重孩子的想法，让孩子做出选择。更不能对孩子管束过多，或者经常强迫孩子服从自己的意志去做事，这样会使孩子个性发展受到阻碍，从而缺乏独立自主性。

●**尊重孩子的选择。**既然把选择权利交给了孩子，就要尊重他们的选择。千万不要经常地否定孩子的选择，这会使孩子的自尊心和自信心受到打击。

●**多给孩子选择的机会。**生活中多给孩子提供选择的机会，如让他们自己选择喜欢的玩具、图书，穿衣服时也可让他们从几件衣服中自己做出选择。在一些家庭事情上，不妨也让他们参与进来，如房间的布置、家具的选择、小挂件的装饰等，都可以让孩子帮忙做决定，鼓励他们提出自己的建议。

●**教孩子正确认识自己。**由于孩子认知能力的因素，他们对自己的能力认识不足，往往容易做出不正确的判断和选择。父母要帮助孩子认识自己。根据孩子的一些个性、特点、习惯、兴趣、爱好等，对孩子有一个全面正确的了解，给孩子提出合理的建议并加以指导，引导孩子学会更好地取舍。

●**给孩子选择权不是放任不管。**给孩子选择的权利，绝对不是要父母完全放任孩子，而是当他们做选择的时候，帮助他分析清楚利弊，并告诉他，自己要承担自主选择带来的后果，从而培养孩子的责任意识。

斯宾塞小语

选择，就一定意味着放弃。一个人以后的生活幸福与否、成就大小，不是取决于他是不是聪明、幸运，而是取决于他是否懂得选择，并为之付出努力。

观察力，一切学习的基础

观察力可以帮助孩子获取周围世界的有关知识和信息，是他们认识世界的基础。敏锐的观察力还可以促进孩子发挥其想象力和创造力，是父母需要着重培养的一种能力。

故事的天空

5岁的突突有一件爱不释手的宝贝，他几乎整天携带在身边。那就是在他3岁生日时，爸爸从北京给他买的生日礼物，一架货真价实的高倍望远镜。

自从有了“千里眼”，他更喜欢到处观察了，看完远处的，就看近处的。放下望远镜，就撅着小屁股翻草丛、扒树皮，去找蚂蚁啦、小虫子啦，有时候找到一块青石，也要研究半天。

星期天，突突早早就把自己的“装备”携带整齐了，除了望远镜，爸爸还给他买了一把小铁铲，这样他就可以去翻动泥土，沙石等，使“研究”工作得以更顺利地进行。

当私家车驶出郊外，突突坐在车子里就举着望远镜开始搜寻目标。

在半山腰，一家人开始“安营扎寨”，妈妈去寻蘑菇，爸爸去瀑布边写生，而突突钻到灌木丛里好久不出来。

当妈妈采回蘑菇，爸爸作完了画，还不见儿子的踪影。爸爸开始准备野餐，妈妈小心地拨开灌木枝，去看儿子到底有什么新发现。

原来，突突趴在地上，正全神贯注地盯着一大群黄蚂蚁出神。这些小生物正忙着搬家呢，忙忙碌碌的，好不热闹。妈妈没有打扰儿子，怕影响他的“研究”工作，悄悄地退了出来，坐在一块石头上边观风景，边等儿子出来一起野餐。

吕姐爱心课堂

观察是求知的开始，孩子首先是通过感官来认知世界的，并借助感官进而进行深入地“研究”，从而得到经验。孩子观察能力的培养是不可缺少的，这是兴趣的开端，也是兴趣延续的保证。孩子只有看到感兴趣的事情，才能用心去观察、去揣摩。

斯宾塞说：“忽略了感官的教育会使人困倦、模糊。的确，如果我们思考一下，就会看出，仔细观察是一切伟大成就的必要条件，艺术家、科学家需要它，医生诊断需要它，工程师需要它。我们还可以看到，哲学家的根本特点就在于能够观察别人所忽略的事物之间的关系，诗人能够看到众人看不到的美妙事实。因此，系统地培养孩子的观察力应成为教育的首要任务。”可是，在现实生活中，就有许多父母忽略了孩子的感观教育，不重视孩子的观察力培养。当孩子对地上的蚂蚁或花叶上的小虫产生兴趣时，父母觉得这是很无聊的事情，就会拉起孩子的小手将他们强行拖走，结果无形中扼杀了孩子的观察兴趣，错失了培养孩子观察力的良机。

对观察力培养的忽视，无疑是把一个未来的科学家扼杀在了摇篮中。那些取得非凡成就的科学家、发明家、改革家、教育家、艺术家等，都具有非凡的观察力。科学研究证明，人的大脑所获得的信息，有80%～90%是通过眼睛、耳朵吸收进来的。可见，观察是智力活动所不可缺少的。对正在成长中的孩子来说，更是通过观察来不断获得大量的感性材料，获得有关事物的鲜明而具体的形象，然后经过思维活动的加工、提炼，上升到理性认识，从而促进其智力的发展。

观察力与学习密不可分，较强的观察能力可以使孩子更容易认识世界和周围生活。所以，父母要有意识地培养孩子的观察能力，从而促进孩子大脑的开发，不断提升他们的智力水平。

斯宾塞支招DIY

敏锐的观察力是促进孩子发挥其想象力和创造力的源泉，对孩子智力的发展有着重要作用。父母要把引导孩子善于观察作为一项主要的教育内容，安排到日常生活和学习中。

●**激发观察兴趣。**兴趣是引导孩子进行观察的内在动机，否则孩子会对自己不感兴趣的事情“视而不见”。所以，父母应从孩子的兴趣出发，引导孩子学会观察。一般来说，学前期孩子更喜欢那些“动”的事物。如果让孩子观察盆景或一幅画，他们很快就厌烦了，可是那些游来游去的金鱼、跑来跑去的蚂蚁，则会使他们屏气凝神地看上老半天。所以让孩子观察的对象，最好具有生动、活泼、有趣、好玩、好尝试等特性，这有助于激发他们的观察兴趣，使他们积极主动去观察。

●**有目的地引导观察。**孩子在观察中往往目的不明确，只凭自己的兴趣观察。如要培养孩子较强的观察力，就必须有目的地加以引导。在观察之前，要明确细致地告诉他们观察的任务，如观察小白兔的耳朵、观察小乌龟怎么爬等，使孩子带着任务去有目的地进行观察。

●**教给孩子观察的方法。**为了孩子更好地观察，父母还要根据孩子的不同年龄和发展水平，教给他们一些观察的方法。对于年龄较小的孩子，引导他们观察事物的不同之处，而对较大的孩子则应引导他们观察事物的共同点，使他们学习简单的分析和归类。这样孩子就能更加深入全面地把握观察对象，感知到比较全面的信息。

●**运用多种感官进行观察。**观察除了靠眼睛看外，还应让孩子摸一摸、尝一尝、闻一闻等。如吃水果时，可以让他看看外形特征和颜色，用手摸摸表面是光滑还是粗糙，用鼻子闻一闻，用嘴尝一尝。充分利用各种感官，让孩子感受观察带来的各种具体实感。

●**在游戏中训练观察力。**孩子喜欢游戏，父母不妨利用游戏来锻炼他们的观察能力。如找不同、分辨颜色、走迷宫、找图中的遗漏或错误、在图中找出隐含的图案等，都能对孩子的观察力起到很好的锻炼作用。

●**到大自然中去观察。**对于好奇心强、求知欲旺盛的孩子来说，大自然是他们最好的课堂。父母应经常带孩子到大自然中去，让他们在尽情地玩耍时，观察万物的悄然变化。春天的绿芽，夏日的鲜花，秋季的果实，寒冬的落叶，大自然中的高山、河流、白云、蓝天、飞鸟、昆虫等，都是孩子喜欢观察的目标。父母边提问边引导，不仅培养了孩子的观察能力，还可以开阔他们的视野，促进其思维能力的拓展。

斯宾塞小语

仔细观察是一切伟大成就的必要条件，艺术家、科学家需要它，医生诊断需要它，工程师需要它。我们还可以看到，哲学家的根本特点就在于能够观察别人所忽略的事物之间的关系，诗人能够看到众人看不到的美妙事实。因此，系统地培养孩子的观察力应成为教育的首要任务。

立足于快乐，培养孩子的写作能力

有人听到写作就头疼，而有人却把它当作一种享受和乐趣。只有当孩子把写作看成是自己的事，是自己所思所想在笔端的自然流露时，他们才能真正体验到写作给他们带来的无穷乐趣。

故事的天空

6岁的井井已经上了学前班，老师发现小家伙不仅学习上比较用功，还会写作文了。这可是很少见的事情，为了试试他的文字功底，老师让他当堂写一篇作文，小家伙兴冲冲地“挥笔疾书”，很快就完成了任务。老师看后，觉得条理比较清晰，语言也通顺。当同井井妈妈交流时才发现，小家伙早在2年前就已经开始接受写作熏陶和培养了，难怪写得像模像样。

通过老师的宣传，许多家长都找井井妈妈取经，一起探讨如何培养孩子的写作能力。因为，他们的孩子才开始认字。

井井妈妈回忆着说：“在孩子4岁左右时，特别热衷于到处认字，5岁时就认识了几百个常用字了。有一天他看我写策划方案，就缠着也要写东西。我就随手给他一支笔，一张纸，目的是不要给我添乱。”

有的家长问：“孩子能认字就已经了不起了，还能写字？”

井井妈妈说：

“那时，能写的字很有限。这不，他发现自己写不了，又来烦我。我只好放下笔，引导他去回忆一些过去的事情，让他通过口述，我给他整理到纸上。”

“哦。”大家点点头。

井井妈妈说：“就这样，每天我都让他把自己做过的事情回忆一下，然后再记录下来，随着能写的字多了起来，他的‘回忆录’的内容也越来越丰富，遇到生字用拼音代替或是画上图画。”

大家纷纷表示，这还真是一个好办法。

最后，井井妈妈说：“关键是趁孩子感兴趣，赶紧抓住机会，然后想办法巩固下来，养成习惯自然就喜欢写东西啦。”

吕姐爱心课堂

提到写作，人们总爱想到坐在书桌旁绞尽脑汁、苦思冥想的场景。难道写作真的是一件令人苦恼又头疼的事吗？

写作，对于孩子来说确实有些复杂，但是如果父母引导得当，孩子也能爱上写作，也能“妙笔生花”，写出像模像样的文章来。对此，斯宾塞深有体会，他认为：“之所以一些孩子听到写作就头疼，而另一些孩子却把它当作一种乐趣，是因为这里面有一个秘密，发现了的就欣喜，没有发现的就一直困惑。”对于这个秘密的诠释，斯宾塞是这样说的：“写就是记录，就是把思想、感情、思考、事件记录在纸上。作就是创作，就是使这个记录有恰当的体裁、形式和文采。写是求真；作是求美，使写的东西更有感染力和说服力。”他特别倡导写作要流露真实的思想、情感，描写真实的生活，把回忆变成文字。

在引导小斯宾塞写作时，他首先让孩子把写作当成他自己的事，引导他对写作产生兴趣。因为只有自己愿意做、想做的事，孩子才能把它当作一种乐趣。而若是他们把写作当作老师或父母硬性指定的作业、任务、要求，那么对于孩子来说，写作自然没有什么快乐而言，的确是一件令他们头疼的苦差事了。

其实，孩子学习任何知识，快乐都是第一位的。写作也是同样，只有心里喜欢，把它作为一种享受和乐趣，才能真正培养他们的语言表达和写作能力。当有一天，写作对孩子来说就像走路、奔跑、跳跃、散步一样时，写作就不再是一件苦恼的事，而是可以给他们带来无穷的方便和乐趣的智力活动了。

斯宾塞支招DIY

其实写作的素材无处不有，关键是如何发现，如何感兴趣。父母所要做的就是为他们提供必要的环境，积极予以引导，让孩子从小就开始以各种方式来“写”和“作”。

●**让孩子先学会观察。**观察是写作的前奏，孩子眼里有了东西，才能通过思考写出来。不要急于让孩子去写什么，而是要引导孩子注重观察，在观察中分辨出事物细节上的差别，使孩子练就一双善于观察的慧眼。

●**鼓励孩子“每一天写一点”。**写作是需要时间的，没必要让孩子一下写出多少字，他们根本做不到。可以让孩子每天写一点，哪怕一句话也好，贵在坚持，养成习惯。

●**随兴而至，想写就写。**没必要给孩子规定写作时间，孩子有了兴趣，就随时动笔去写，让孩子自由发挥。父母可以为孩子准备一个小本子，遇到一件有趣的事情，或者想起来值得思考的事情，就立即写下来。这样记录下来的文字真实、有生活、有生机。

●**同孩子用书信沟通。**尽管和孩子天天在一起，也要坚持“通信”。妈妈可以把要说的话写在纸条上，放到孩子的床边，然后让孩子通过写回信的方式回答问题或叙述情感。在具有游戏成分的文字沟通中，无形锻炼了孩子的写作技巧，还增进了亲子之间的感情，使亲子关系更密切。

●**快乐做摘记。**摘记是一种比较自由的记录方式，父母应鼓励孩子坚持做摘记，可以把平时听到的有趣的故事、梦想、奇遇及读到的书，以简单的方式记下来。既锻炼了动笔能力，又开阔了视野，通过接触社会、家庭、人生、自然等，为自己增添了丰富的素材。

●**充满魔力的墙记。**如果孩子对在很正规的本子上写字不感兴趣，可以为他们制作一块板报，如在墙上固定一个地方，贴上许多张纸，将它们分为漫画区、记事区、梦想区等。孩子会把这个墙壁视为自己的小天地，会尽情去写、去画。日积月累，他们的写作水平就会获得很大提高。

●**奇妙的故事本。**除了让孩子把听到的故事写在本子上，还应鼓励他们自己编写故事，并讲给别的小朋友听，以锻炼孩子的写作能力。

●**有趣的续写。**这需要父母和孩子一起来完成，由父母开头，让孩子来续写。这种方式类似于文字游戏，既培养了孩子的写作能力，又锻炼了他们的思维和想象力、创造力。

斯宾塞小语

写文章和走路一样，一个人如果总认为自己走路的姿态不好看，总模仿别人，可能到头来自己都不会走路了。要想在写作上有所发展，光靠模仿是不行的，更应该仔细观察，细心地体会周围的人、事、物。若想让自己的表达更吸引人，更应该经常去倾听内心的声音。

树立安全意识，让孩子学会保护自己

幼稚的思维、稚嫩的肌体、冲动的行为和强烈的好奇心，孩子们往往总是“意外事故”的高发群体。为了让孩子远离伤害，健康快乐成长，父母一定要从小树立他们的安全意识，引导孩子学会保护自己。

故事的天空

2岁的川川有一个经典的动作，那就是看到危险的东西时，总是爱用小手指着说：“啊呜，大老虎。”

这最早源于一次他好奇地把小手指塞到门缝里，妈妈立即来了一句：“啊呜，大老虎！”然后妈妈把他抱在怀里，讲大老虎如何厉害，吃人，吃其他动物。最后告诉儿子，这狭窄的门缝就如同张着嘴的大老虎一样，是不能乱摸乱碰的，否则会像大老虎一样厉害。并且妈妈还为他“实战演习”了一番，让小家伙亲眼看到一个坚硬的核桃被轻易肢解粉碎的场面。这样一来，他还真记住了妈妈的训诫，以后每遇到有危险的物品时，他就会说出这句警示语。

有一次，住在同一个单元的丹丹随妈妈一起来做客，两个孩子开心地玩了起来，他们把球扔来扔去，不小心皮球滚到茶几旁的暖水瓶边。丹丹跑过去手扶着暖水瓶，想蹲下来去捡皮球。

川川立即大声地喊道：“啊呜，大老虎！”

丹丹虽然不明白川川的警示，但是也被他的超大声音震住了，原地站在那里不解地看着川川。

川川跑过来，拉着丹丹的手解释道：“暖水瓶……热……烫手，不能摸，啊呜，大老虎！”

尽管川川的语言不连贯，丹丹还是明白了，他的意思让自己远离暖水瓶。

两个妈妈看到这一幕，都笑了起来，丹丹妈妈笑着问川川妈妈这“啊呜，大老虎”的由来。当听完后笑了一阵子，感慨地说：“是啊，只有让孩子树立安全意识，才能学会保护自己，毕竟父母不能时刻不离孩子。”

吕姐爱心课堂

生活中总会有危险，父母不可能每时每刻都守在孩子身边，而且孩子也会渐渐长大，终究会离开父母的羽翼和家庭这把保护伞。为了让孩子更好地规避意外伤害和危险，一定要从小树立他们的安全意识，以帮助孩子建立起安全的“防火墙”。

斯宾塞把生活中需要用的知识进行分类，教给孩子各种生活常识，根据这些知识与生活联系的紧密程度进行排列，他认为：“在各种知识中，保证个人安全和预防种种危险的知识应该是列在首位的。”的确，千般爱护，莫过自护。对于父母来说，最担心的就是孩子的安全。因为孩子小，受生活经验和心智的影响，他们对于一些潜在的安全隐患没有意识。这就需要父母及时地引导和教育，让他们了解自我保护的常识，培养他们自我保护的能力。只有这样，孩子才能认识到危险的来临，知道如何规避迫近的危险。

安全是孩子健康成长和家庭幸福的保障，自我保护能力是一个人在社会中保存个体生命的最基本能力之一。对孩子进行安全教育，提高他们的自我保护能力，是每个父母必须要给孩子上好的一堂课。要在日常生活中主动教给孩子各种避免伤害的知识和方法，提高孩子对危险的预见性和自我保护技能，这样才能减少他们受到意外伤害的概率，从而更好地保护自己。

斯宾塞支招DIY

在孩子的安全问题上，父母一定要高度重视起来。为了让孩子远离那些可能伤害自己的危险，为了孩子健康顺利成长，父母除了随时保护好孩子外，更主要的是向他们灌输一些安全知识和技能，增强孩子的自我保护能力。这才是给予孩子真正的安全。

●**培养孩子的生活自理能力。**对于一个生活自理能力强的孩子来说，往往能更好地规避生活中的各种危险，且在危险和困难面前，能从容镇定，及时采取必要的自我保护措施。所以在平时的生活中，父母不要事无巨细地包办代替，处处为孩子扫除障碍，而是要提高和加强他们的自理能力，以大大减少和消除孩子在日常生活中的意外伤害。

●教孩子认识居家中的潜在危险。孩子生活的空间以家庭为主，父母除了为孩子创设一个安全无忧的居家环境外，还要教给他们一些安全常识。毕竟孩子是在探索中成长，不能因为害怕孩子有危险，就严格限制他们的各种活动，这等于剥夺了孩子通过实践锻炼提高自我保护能力的机会，反而容易发生许多不该发生的事故。父母要结合家中的实际生活环境，教给孩子一些如何安全用电及家用电器，如何正确地使用各种工具，如剪刀、钳子、锥子、针线等，还要教给孩子识别药品、易碎物品、化学制剂、温度高的物品，让他们学习认知危险事物和危险环境，避免危险性尝试行为等。

●教会孩子自然常识。自然现象的打雷、下雨、刮风，冰雹，是时常发生的，父母一定要对这些自然现象潜在的危险和应对方法为孩子做出详细的讲解，当遇到极端天气时，采取正确的防范措施。如打雷时不得站在大树下，不要靠墙根走，刮大风下大雨时应及时进室内躲避。

●学习交通安全知识。父母要教会孩子掌握基本的交通规则，比如红灯停绿灯行，走路要靠右，不要在机动车道打闹嬉戏，不要钻到停止的汽车底下玩耍等。

●让孩子记住家庭信息。孩子能够记住一些东西的时候，要让他记住父母的名字、家庭住址和电话号码，当走失时，可以在求助中为帮助自己的人提供可靠的信息，及时与家里人进行联系。除此以外，还要告诉孩子乘哪一路公车可以到家、下车的站名、要走的路名、小区的名称、自家的楼号及门牌号等。

●教孩子如何识别好人坏人。告诉孩子当没有家人或者自己熟悉的人在身边的时候，如果有陌生人给好吃的、好玩的，或者来抱抱，引着去好玩儿的地方，一定不要跟着去。如果有人强行带他走，一定要大喊救命，告诉路人这个人不是自己的爸爸或妈妈。

在各种知识中，保证个人安全和预防种种危险的知识应该是列在首位的。

给孩子更多的快乐

给孩子快乐，也是在给自己快乐。在我们生活中，快乐应该是主旋律，这是幸福的源泉。

当我们把小孩子迎接到这个世界上时，浓浓的幸福油然而生，那份做爸妈的欣喜与自豪无以形容。可是，随着孩子的成长，爸爸妈妈的苦恼开始多过欢笑。因为，小小的人儿好难缠！

斯宾塞却不认为孩子很难对付，他认为爸爸妈妈只要用快乐的心态，为孩子营造一个欢愉的氛围，就能一直体验和享受亲子的快乐。

事实上，孩子的“问题”与孩子本身没有关系，而应该在爸爸妈妈身上找原因。许多时候，是爸爸妈妈自身出了问题，才在孩子身上反映出来。如充满好奇心的孩子伸出小手想摸一摸树干，爸爸妈妈的一句“不要去摸，脏！”就扼杀了孩子的天性，他的兴趣自然被“吓”了回去。这就是父母的影响。

作为父母，给予孩子物质基础是远远不够的，还要做孩子的“心理医生”，为他们的心灵点燃激情，为他们的快乐增添羽翼。美好的生活对孩子的性格、认知、语言、技能都是有着深刻影响的。要想让孩子成为有用之才，父母的任务就是给他们营造良好的生活环境，让快乐时时围绕在他们身边。

爱孩子就要给他们更多的快乐，让他们从快乐中去探索、去收获。